L'ARMÉE DU RHIN

L'auteur et l'éditeur déclarent réserver leurs droits de traduction et de reproduction à l'étranger.

Ce volume a été déposé au ministère de l'intérieur (section de la librairie) en avril **1872**.

PARIS. TYPOGRAPHIE DE HENRI PLON, IMPRIMEUR-ÉDITEUR, RUE GARANCIÈRE, 8.

L'ARMÉE DU RHIN

DEPUIS LE 12 AOUT JUSQU'AU 29 OCTOBRE 1870

PAR

LE MARÉCHAL BAZAINE

DEUXIÈME ÉDITION

PARIS

HENRI PLON, IMPRIMEUR-ÉDITEUR

10, RUE GARANCIÈRE

1872

Tous droits réservés

CONSIDÉRATIONS GÉNÉRALES

La Prusse n'avait pas pardonné à la France Iéna et Auerstædt ; avec la ténacité et la patience du caractère allemand, elle sembla oublier, méditant sa revanche, la préparant lentement et sans éclat. Quand elle se sentit prête, elle chercha autre part que sur le champ de manœuvre la confirmation de son organisation militaire. Un chef d'état-major général, tenant en main la haute direction de l'armée, avec cet esprit de suite que lui permettait une position pour ainsi dire inamovible, perfectionnait sans cesse : la guerre seule pouvait donner à son œuvre une consécration suffisante.

La Prusse rechercha d'abord le Danemark; bientôt après elle s'attaqua à une puissance militaire plus sérieuse, contre laquelle il ne lui suffisait pas d'employer des armes nouvelles, mais de mettre en pratique les ressources de la stratégie et de la tactique.

En remportant l'avantage sur l'Autriche, en 1866, la Prusse atteignit un autre but, celui d'établir sa prépondérance en Allemagne, d'augmenter d'un nombre infiniment supérieur le chiffre de ses soldats, d'étendre son système militaire sur tous les États germains mis sous sa dépendance.

Alors seulement la France s'émut d'un danger devenu imminent.

Les chemins de fer donnaient aux mouvements stratégiques une rapidité inconnue jusqu'alors; la tactique devait être profondément modifiée en présence des armes à tir rapide, désavantageuses aux races nerveuses et impressionnables, comme la nôtre.

Nous multipliâmes les conférences sur les trois armes (infanterie, cavalerie, artillerie), soit au ministère de la guerre, soit dans les camps d'instruction et les garnisons. Les idées émises dans ces conférences pouvaient être bonnes, elles eurent pour résultat le plus réel de jeter la perturbation dans les esprits. Les innovations, à peine ébauchées, n'ayant ni la consécration du temps, ni celle du champ de bataille, bouleversèrent les principes de la tactique sans les remplacer par des principes nouveaux fermement établis. La garde nationale mobile fut créée; mais elle n'existait encore que sur le papier, lorsque le plébiscite de mai 1870 fit connaître au monde entier le nombre réel de nos soldats sous les drapeaux.

Jamais occasion plus favorable ne se présenterait pour nous combattre; la Prusse le comprit et s'y résolut. Exploitant l'ardeur et la fierté du caractère français, le pressentiment impatient que nous avions d'une guerre contre elle, son gouvernement fit naître sous nos pas un piége dont nous ne sûmes pas nous garer. La Prusse avait le beau rôle en apparence : ce fut la France qui leva le bouclier.

Ainsi les ressources de la France n'étaient pas prêtes; nous ne pouvions opposer qu'un nombre d'hommes très-limité aux légions que la Prusse avait su entraîner sous son drapeau, en faisant miroiter aux yeux de l'Allemagne nos prétendus appétits pour certaines provinces du Rhin.

Une pareille situation nous imposait la défensive; nous devions éviter de laisser à notre adversaire l'avantage moral, puissant, des premiers succès. Pour ce faire, il fallait occuper certaines positions stratégiques bien connues, nous y couvrir d'ouvrages rapidement exécutés, retrancher les passages des Vosges, la trouée de Saverne surtout, si importante à cause du chemin de fer qui la parcourt, si facile à défendre par suite de son peu de largeur et des obstacles naturels et factices (tels que les tunnels) qui y sont semés, ne livrer d'abord que des combats défensifs. Nous aurions ainsi usé la première ardeur de notre adversaire. Obligé de s'occuper de forces considérables, qu'il ne pouvait entamer et qu'il ne devait pas laisser derrière lui, il donnait le temps à la France d'organiser ses forces, de lever de nouvelles armées et de prendre alors l'offensive dans de bonnes conditions contre un ennemi dont le prestige serait déjà diminué.

En un mot, n'ayant pas la supériorité du nombre, il nous fallait revenir aux principes de guerre du dix-septième siècle : opérer méthodiquement. La puissance destructive de l'armement actuel nous imposait de chercher *l'offensive en stratégie et la défensive en tactique.*

Le grand quartier général de l'armée, au lieu de s'établir en première ligne dès le début de la campagne, aurait dû se tenir à Châlons avec la garde et les corps d'armée en formation, comme armée de réserve. Les deux premières armées devaient se concentrer : la première armée (celle d'Alsace) vers Lunéville, Nancy, Pont-à-Mousson ; la deuxième armée (celle de Lorraine) entre Verdun et Metz. Chacune de ces armées une fois constituée se serait portée en avant avec tous ses éléments bien compactes ; alors le grand quartier général serait venu s'établir avec l'armée de réserve, non pas à Metz, mais au-dessus de Nancy et de Frouard, sur le plateau de Haye, centre stratégique autour duquel les deux armées d'Alsace et de Lorraine auraient opéré durant la période défensive.

Un projet avait été remis, en 1869, au ministre de la guerre, tendant à couvrir Frouard par des ouvrages de campagne. On proposait d'établir un vaste camp retranché sur le plateau de Haye, s'appuyant sur la forêt du même nom ; ce plateau commande les vallées de la Meurthe et de la Moselle, ainsi que le nœud si important des voies ferrées de Strasbourg, de Sarrebrück et de Luxembourg. Il ne fut pas donné suite au projet.

Nos places de guerre avaient toutes besoin de

modifications urgentes, d'ouvrages extérieurs éloignés, placés sur des positions dominantes, afin de mettre le corps de place à l'abri de l'artillerie à longue portée et à tir plongeant. On avait entrepris des travaux pour parer au plus pressé, mais ils n'étaient pas terminés au moment où la guerre éclata. Ces travaux consistèrent à multiplier les traverses sur les remparts, à blinder les magasins à poudre, à augmenter le nombre des casemates. Les places furent dotées de l'armement de sûreté, sans toutefois recevoir un personnel suffisant pour le servir.

Des instructions avaient été données dans le commandement de l'Est, en 1868, pour que les projets des ouvrages à élever fussent établis de façon à pouvoir employer immédiatement les travailleurs civils, en cas d'urgence. On en était resté là, faute de fonds.

D'ailleurs, bon nombre de nos places de guerre n'ont plus, sous le rapport stratégique, la même importance que par le passé, si elles ne commandent pas, en les inutilisant pour l'ennemi, les voies ferrées par lesquelles celui-ci peut les tourner et pénétrer au cœur du pays. Metz doit être rangé dans cette dernière catégorie; malheureusement les travaux de ses forts étaient loin d'être achevés.

L'instruction de notre infanterie doit avoir surtout pour but de lui donner la dose de sang-froid qui manque à son tempérament. Ses impressions, toujours vives, ne peuvent être modifiées que par une longue et solide éducation militaire, par une forte discipline. L'enthousiasme vient aujourd'hui se briser contre la puissance des engins perfectionnés de destruction, et la science seule peut lutter contre leur emploi à la guerre.

Il ne faut plus faire un aussi fréquent emploi des tranchées-abri, ni faire constamment coucher les soldats pour les défiler. Cette dernière disposition finit par les rendre timides, et à un moment donné il devient difficile de les faire lever spontanément pour les porter en avant, par un mouvement d'élan.

Il est préférable d'amener notre infanterie à manœuvrer régulièrement dans l'ordre mince, lorsqu'elle est dans la zone d'action, afin d'obtenir un bon résultat de ses feux, sans gaspiller des munitions qui, à l'époque actuelle, sont beaucoup plus difficiles à confectionner en campagne qu'au temps de l'ancien armement.

Enfin, il importe de rompre le soldat à la marche, ce qui facilite la manœuvre et permet de compter sur lui en toute occasion pour exécuter ces grands mouvements tournants, qui aujourd'hui décident presque toujours du gain des batailles.

Il faut augmenter la cavalerie légère, soit qu'on y fonde un certain nombre de régiments de ligne, soit qu'on demande le même service à ces derniers. De cette façon, nous pouvons couvrir les armées d'une grande quantité de détachements, battant l'estrade dans un rayon de trois à cinq lieues. Ces éclaireurs ont pour mission de surveiller les moindres mouvements de l'ennemi, d'enlever ses espions, sa correspondance; de ne laisser personne aller à lui; enfin, de répandre de fausses nouvelles, qui l'inquiètent et l'induisent en erreur.

Le service des avant-postes, qui sont les yeux de l'armée, doit nous laisser moins insouciants. Officiers, sous-officiers, brigadiers, tous les chefs de ces petits détachements doivent être constamment en éveil, attentifs le jour comme la nuit à tous les indices, à tous les bruits, interrogeant les habitants avec soin, etc. Nous avons les qualités désirables pour mettre en pratique tous ces détails, il suffit de nous conformer au règlement sur le service des troupes en campagne, de 1832, qui est demeuré excellent. Il est donc important d'y exercer sérieusement notre cavalerie légère en temps de paix.

Le mode qui avait été adopté, d'attacher un régiment de cavalerie à chaque division d'infanterie, est défectueux, excepté pour les cas où cette division serait détachée. On immobilise ainsi sans profit un nombre considérable d'escadrons, dont l'action séparée sur le champ de bataille ne peut donner aucun bon résultat.

Les dragons doivent continuer à combattre à pied. Quant à la grosse cavalerie, sa puissance d'action est restée la même.

Des corps importants et séparés de cavalerie sont toujours un auxiliaire indispensable, soit au moment de l'action, soit pour les expéditions lointaines.

L'artillerie divisionnaire doit être rendue à elle-même, c'est-à-dire qu'il faut laisser aux commandants des batteries une plus grande initiative, afin qu'ils puissent remplir le rôle de l'artillerie légère, comme dans les guerres du premier Empire, et engager les combats presque au même titre que les tirailleurs. Les batteries devraient être de huit pièces et les projectiles armés de fusées percutantes. En aucun cas, les coffrets ne doivent être surchargés de sacs, de cordes, etc., comme l'habitude paraît en être prise.

L'appel des hommes de la réserve, à la dernière heure, ne permet pas de retremper dans la discipline les anciens soldats éloignés du rang depuis longtemps, et bon nombre d'entre eux ne sont plus familiarisés avec la marche, ne connaissent pas le nouvel armement, s'il a été modifié depuis l'époque où ils ont quitté le service actif. En faisant rejoindre ces hommes par les voies ferrées et sur la frontière même, c'est-à-dire en présence de l'ennemi, ceux-ci se fatiguent pendant les premières marches avec des souliers non brisés, chaussures auxquelles ils sont rarement habitués dans nos campagnes ; de là une grande quantité de blessures aux pieds, et partant, des traînards. En formant les armées plus en arrière, on évite ces graves inconvénients : les premières marches sont peu longues, ont lieu sur des routes, à l'instar d'étapes. Pendant ce temps, le soldat de la réserve a pu se rompre de nouveau au métier des armes ; quand il arrive devant l'ennemi, il a surmonté les premières fatigues. En 1870, le moral de ces hommes quittant inopinément leur famille, leurs travaux, ne fut pas à la hauteur des circonstances, et leur présence, loin de fortifier celui des jeunes soldats, a plutôt contribué à l'ébranler.

La garde nationale mobile serait devenue une institution militaire réelle et utile, comme réserve, si le manque de fonds suffisants n'en avait arrêté l'organisation. Au moment de la guerre, ses cadres n'avaient pas été partout formés, les hommes n'avaient reçu aucune instruction, les armes étaient encore dans les arsenaux ; ce n'est qu'au dernier instant qu'on fit appel à cette jeune et vaillante troupe. Tout était à faire : il en résulta un désordre et une confusion inévitables. Dans d'autres conditions, la garde nationale mobile aurait rendu, dès le commencement des hostilités, des services considérables.

Dans les départements frontières de l'Est, les douaniers, les nombreux agents forestiers et même les pompiers des villes, auraient pu former des détachements utiles dans une guerre défensive, comme compagnies de partisans, comme guides, etc., comme défenseurs de petits postes, s'ils avaient été mieux armés. Les douaniers et les forestiers avaient conservé de mauvais mousquetons à piston, et la compagnie de pompiers de Thionville, par exemple, dont la belle tenue rappelait celle d'une troupe du génie, n'avait que des fusils à silex.

Notre infanterie est trop chargée, et c'est pour cela que les soldats demandent toujours à déposer leur sac pendant le combat. Il faut donc modifier le paquetage, supprimer la demi-couverture, la tente-abri, lourde quand elle est mouillée; simplifier les ustensiles de campement, en leur donnant une capacité plus pratique. Le système actuel d'une gamelle et d'une marmite par escouade offre les plus grands inconvénients. Lorsque ces ustensiles sont perdus, plusieurs hommes se trouvent privés d'aliments chauds, ou bien il leur faut emprunter la marmite des voisins, s'il leur reste assez de temps pour s'en servir.

Le système de campement, emprunté à nos guerres d'Afrique, devrait être supprimé : l'ennemi n'a qu'à compter le nombre des tentes pour connaître l'effectif des troupes qu'il a devant lui. Le camp nécessite le choix d'un emplacement convenable; au milieu sont parqués les bagages, l'artillerie, les ambulances, en un mot, toutes les voitures et les chevaux. Que de causes de désordre! sans compter les alertes, les attaques de nuit; que de temps perdu le lendemain pour regagner les routes et se mettre en marche!

La campagne de 1870 a donné la preuve de ce vice d'organisation; jamais on n'avait vu une aussi grande perte d'effets de campement. Il est préférable de cantonner les troupes, quand elles sont encore à une certaine distance de l'ennemi; plus rapprochées de lui, elles bivouaqueront, autant que possible, dans les directions qu'elles doivent suivre le lendemain, sur les emplacements mêmes où l'on est résolu d'attendre l'attaque. En faisant cantonner les troupes dans les villages, on a plus d'occasions d'avoir des nouvelles de l'ennemi, par le contact avec la population, ce qui met le paysan en confiance et lui fait dire dans la conversation ce qu'il n'oserait apprendre à un chef qui l'interrogerait.

En supprimant la tente-abri pour la troupe, on obtiendra une diminution notable des bagages de régiment, car les officiers n'auront plus à se préoccuper des objets de couchage et d'habitation sous la tente, qui sont toujours encombrants. D'un autre côté, en employant les conserves alimentaires tant que les armées sont en opérations préliminaires de combat, on pourra réaliser une importante réduction dans les convois.

Une tendance regrettable a développé depuis quelques années l'esprit de dénigrement et de discussion dans l'armée. Les officiers doivent cependant avoir un respect plus réel pour la valeur de leurs chefs; il ne faut pas qu'ils s'imaginent que celui qui donne un ordre doive en même temps en développer les raisons; c'est là le secret du commandement, sans lequel rien n'est possible. L'obéissance doit être immédiate; tout le mérite, toute l'intelligence de l'officier ne doivent tendre qu'à la meilleure exécution de l'ordre qu'il reçoit, sans pour cela qu'il ait besoin d'en savoir plus que ce qui lui est dit.

Avec la puissance de destruction des armes actuelles, la rapidité de leur effet, la moindre faute peut devenir irréparable. Les commandants des troupes, quelle que soit leur place dans la hiérarchie militaire, doivent toujours agir avec la plus grande prudence, connaître d'une façon complète le pays dans lequel ils opèrent. Pour atteindre ce dernier résultat, il est indispensable que la connaissance de la géographie soit répandue parmi les officiers et les sous-officiers ; il est de nécessité impérieuse qu'au moment de la guerre de bonnes cartes, soigneusement mises à jour, leur soient distribuées. Enfin, on doit désirer que la pratique des langues étrangères soit plus répandue dans l'armée.

L'ARMÉE DU RHIN

AOUT 1870

J'avais reçu l'ordre, le 15 juillet[1], de me rendre à Metz, où, tout en formant le 3ᵉ corps d'armée, à la tête duquel j'étais placé, je devais commander les troupes destinées à l'armée du Rhin tout entière,

---

[1] *Le ministre de la guerre au maréchal Bazaine.*

« Paris, 15 juillet 1870.

» J'ai l'honneur de vous informer que d'après les
» ordres de l'Empereur, vous êtes nommé au comman-
» dement du 3ᵉ corps d'armée (quartier général à Metz,
» Moselle).

» Je prie Votre Excellence de se mettre en route
» dans les quarante-huit heures qui suivent la récep-
» tion de la présente lettre, et de se diriger sur Metz.

» Ses chevaux et ses ordonnances la suivront par les
» voies ferrées.

» *Signé :* LE BOEUF.

» *P. S.* Jusqu'à l'arrivée de l'Empereur, MM. les
» généraux de Ladmirault et de Failly, commandant les

jusqu'au jour où l'Empereur lui-même en prendrait le commandement. Ce n'était là qu'une mesure d'ordre, d'autant que chacun des corps d'armée correspondait directement avec le ministre; de cette façon, d'ailleurs, leur formation était plus active, mon intermédiaire ne pouvant que retarder la transmission des demandes et des ordres. D'un autre côté, étranger aux conseils de l'Empereur, je n'avais aucune connaissance de son plan de campagne; il m'eût été par conséquent impossible de donner des instructions raisonnées sur les positions à occuper.

» 4e et 5e corps, à Thionville et à Bitche, ainsi que le
» 2e corps, commandé par M. le général Frossard,
» seront sous vos ordres. »

Le ministre de la guerre au maréchal Bazaine.

« Paris, 16 juillet 1870.

» J'ai l'honneur de vous prévenir que d'après les
» ordres de l'Empereur, et jusqu'au jour où Sa Majesté
» sera rendue à l'armée, vous prendrez le commande-
» ment de tous les corps qui vont se concentrer sur la
» frontière nord-est; je donne avis de cette disposition
» aux commandants des sept corps de l'armée du Rhin
» et à M. le général commandant en chef la Garde im-
» périale.

» *Signé :* Le Boeuf. »

Le 26 juillet, me conformant à l'ordre que j'avais reçu, le 23, du major général, je rejoignis le 3ᵉ corps, qui avait été porté les jours précédents à Boulay. J'avais dû attendre jusqu'au 26, M. le major général n'arrivant à Metz que ce jour-là. Mais j'avais hâte de me rendre au milieu de mes troupes, auxquelles il manquait encore bien des éléments, et que je ne pouvais laisser, sans inquiétude, privées de leur chef, aussi près de la frontière.

Un premier mouvement de resserrement sur la droite porta mon quartier général, le 31, à Saint-Avold. Le 2 août, eut lieu l'expédition sur Sarrebrück, que je dus appuyer, à gauche, par deux de mes divisions [1].

Enfin lorsque, par une simple dépêche télégraphique, en date du 5 août [2], je fus appelé à com-

---

[1] Voir, aux Pièces justificatives, la note E, pour se faire une idée des premiers moments de la campagne. (*Note de l'auteur.*)

[2] *Le major général au maréchal Bazaine.*

« Metz, 5 août, 12 h. 50 soir; expédiée à 3 h. 15 soir.

» Par ordre de l'Empereur, à dater de ce jour, les » 1ᵉʳ, 5ᵉ et 7ᵉ corps d'armée sont placés, en ce qui con- » cerne les opérations militaires, sous les ordres directs » du maréchal de Mac-Mahon.

mander l'aile gauche de l'armée du Rhin (2ᵉ, 3ᵉ, 4ᵉ corps), je trouvai mes troupes établies dans des positions allongées, qu'un ordre de l'Empereur avait fixées dès la veille :

ORDRE DE L'EMPEREUR

« Metz, 4 août.

» Il faut toujours supposer à ses ennemis les
» projets les plus raisonnables. Or, d'après ce que
» l'on lit dans les journaux anglais, le général
» Steinmetz occuperait une position centrale entre
» Sarrebrück et Deux-Ponts, et serait appuyé, par
» derrière, par un corps du prince Frédéric-
» Charles, et sa gauche se relierait à l'armée du
» Prince Royal, qui se trouve dans la Bavière rhé-
» nane. Leur but serait de marcher sur Nancy.

» En conséquence, je désire que les troupes
» prennent les positions suivantes :

» Le général de Ladmirault aura son quartier
» général à Boulay, une division à Boucheporn, la
» troisième à Teterchen.

» A dater de ce jour, les 2ᵉ, 3ᵉ et 4ᵉ corps d'armée
» sont placés, en ce qui concerne les opérations mili-
» taires, sous les ordres directs du maréchal Bazaine. »
(Dépêche télégraphique.)

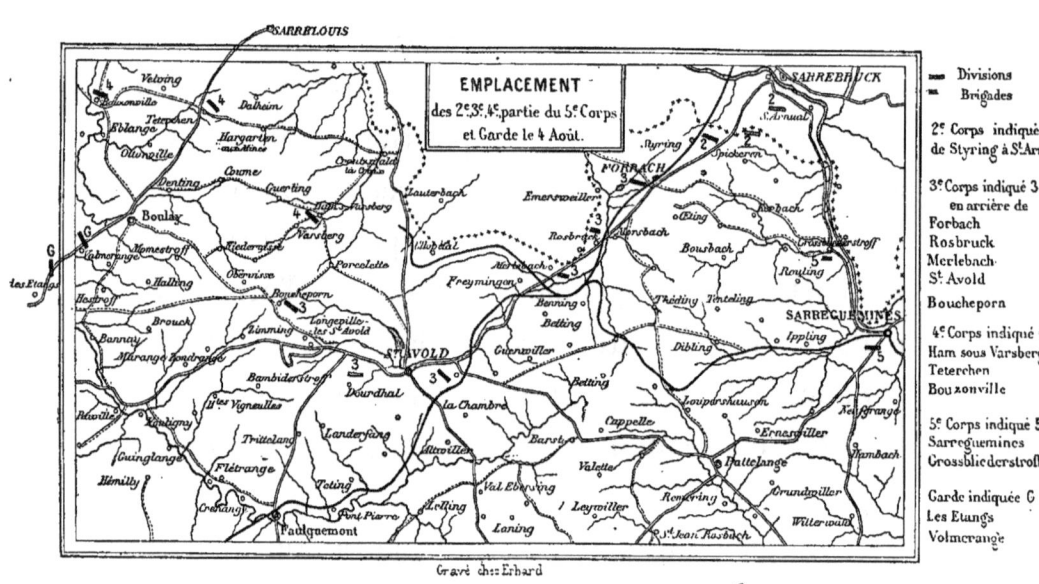

» Le maréchal Bazaine aura son quartier général
» à Saint-Avold, une division à Marienthal, une
» troisième à Puttelange ; la quatrième sera placée,
» suivant sa convenance, soit en avant, soit en ar-
» rière de ses positions.

» Le général Frossard restera dans la position
» où il est.

» Le général de Failly ira rejoindre à Bitche la
» division qui y est déjà. Ces deux divisions seront
» sous les ordres du maréchal Mac-Mahon. Celle
» qui restera à Sarreguemines se mettra en relation
» avec la division qui est à Puttelange et sera sous
» le commandement du maréchal Bazaine.

» La division de cavalerie qui est à Pont-à-
» Mousson se portera à Faulquemont.

» Le maréchal Canrobert sera à Nancy avec trois
» divisions.

» *Signé* : NAPOLÉON. »

» *P. S.* Il est bien entendu que celle de ses divi-
» sions que le général de Ladmirault enverra à
» Boucheporn ne se rendra sur ce point que dans
» la journée du 6 de ce mois. »

» Copie d'une dépêche télégraphique reçue par
» l'Empereur vers huit heures du matin :

» *Le général de Failly au major général.*

» Une forte reconnaissance de cavalerie est signa-
» lée par le colonel du 5ᵉ lanciers à Rohrbach : je
» lui envoie des troupes. »

» Une autre dépêche du général Lespart :

« Informe que les Prussiens marchent de Rohr-
» bach sur Bitche ; il informe également que la
» division Douay bat en retraite, le général lui-
» même grièvement blessé. »

L'Empereur au maréchal Bazaine, à Boulay.

« Metz, 4 août, 9 h. 10 soir ; expédiée
à 9 h. 30 soir.

» Demain, portez la division Decaen à Saint-
» Avold, où vous aurez votre quartier général et
» vos réserves ; portez également demain la divi-
» sion Metman à Marienthal, la division Montau-
» don à Sarreguemines, et la division de Castagny
» à Puttelange.

« *Signé :* NAPOLÉON. »

L'aile gauche de l'armée occupait alors, de Teterchen à Sarreguemines, une ligne légèrement concave de plus de 14 lieues d'étendue, gardée par les sept divisions des 4ᵉ et 3ᵉ corps, et dont le centre, à Saint-Avold, était éloigné de 16 kilomètres de Forbach. En avant de cette dernière ville, se trouvait massé le 2ᵉ corps, sans liaison avec le reste de l'armée : Saint-Avold était son point d'appui le plus rapproché. Quant à la Garde, après avoir été dirigée, le 4 août, sur Boulay, elle fut repliée sur Metz, le 5 au matin, et envoyée le même jour à Courcelles-Chaussy, à 25 kilomètres en arrière de Saint-Avold.

C'est dans ces positions que nous surprit l'ennemi, le 6 août, à Spickeren. (*Voir la carte n° 1.*)

Mon extrême droite, à Sarreguemines, était menacée :

Le chef d'état-major de la 1ʳᵉ division (3ᵉ corps) au maréchal Bazaine, à Saint-Avold.

« Sarreguemines, 6 août, 1 h. 30 matin ;
expédiée à 1 h. 50 matin.

» Des renseignements me font croire que je serai
» attaqué ce matin par des forces qu'on dit supé-
» rieures. Un parti prussien a intercepté le fil entre
» Bitche et Sarreguemines. Les dépêches ne passent
» plus d'une manière intelligible[1]. » (Dépêche télégraphique.)

---

[1] *Le maréchal Bazaine au général Frossard, à Forbach.*

« Saint-Avold, 6 août, 3 h. matin.

» Le chef d'état-major de la 1ʳᵉ division du 3ᵉ corps,

A Saint-Avold, des éclaireurs ennemis, se montrant de grand matin, me firent craindre pour cette position si importante, et qu'une seule division d'infanterie gardait (la division Decaen, 4ᵉ) : la division de cavalerie ne pouvait m'être utile pour la défense dans un pays couvert de forêts. L'ennemi m'était même signalé sur ma gauche :

Le général Bellecourt au maréchal Bazaine à Saint-Avold.

« Boucheporn, 6 août.

» Monsieur le maréchal, j'ai l'honneur de vous
» rendre compte qu'en sortant du village de Ham-
» sous-Varsberg nous avons été avisés qu'un fort
» parti prussien marchait sur ce point. Nous

» qui ne doit pas être encore en entier à Sarregue-
» mines, me dit : « Des renseignements me font croire
» que je serai attaqué ce matin par des forces qu'on dit
» supérieures. » — D'un autre côté le sous-préfet de
» Sarreguemines me dit : « Le fil télégraphique et la
» ligne de fer viennent d'être rompus à Bliesbrücken,
» sur la ligne de Bitche. » — Je fais demander de plus
» amples renseignements.

» Si l'ennemi faisait effectivement un mouvement
» offensif sérieux sur Sarreguemines, il faudrait porter
» la division qui est à Spickeren vers Grossbliederstroff. »
(Dépêche télégraphique.)

» avons, en effet, aperçu immédiatement quelques
» troupes à cheval et à pied, qui semblaient cher-
» cher à nous envelopper par les bois. Nous n'a-
» vions devant nous, en vue, qu'un certain nombre
» de pelotons de cavalerie et un petit nombre de
» fantassins, qui se tenaient cachés sur la lisière
» des bois. J'ai pu assez rapidement prendre posi-
» tion sur un plateau, à la droite du village, avec
» le bataillon de chasseurs, un régiment et deux
» batteries d'artillerie. Cette démonstration a suffi :
» les Prussiens se sont retirés à distance et ont fini
» par disparaître complétement. Aucun engagement
» n'a eu lieu. J'ai pu reprendre ma route, après
» avoir bien fouillé les bois qui étaient devant moi,
» et la division est en train de camper. »

» *Le général commandant par interim*
» *la 3ᵉ division du 4ᵉ corps,*

» *Signé* : BELLECOURT. »

D'ailleurs les renseignements envoyés de Metz, par le grand quartier général, m'indiquaient de grosses concentrations de troupes dans la direction de Sarrelouis, en avant et vers la gauche de Saint-Avold[1].

---

[1] *Bulletin de renseignements.*

« Metz, 6 août.

» Les renseignements fournis par les corps sont très-

A dix heures et demie du matin seulement, je fus prévenu, par le général Frossard, que l'armée prus-

---

» peu nombreux. Les correspondances des émissaires,
» en date d'hier, signalent une pointe faite par un esca-
» dron de uhlans prussiens sur Frauenberg par Sarre-
» guemines.

» On attendait le général Voigts-Rhetz sur la Sarre
» avec un corps considérable. On signale des troupes
» nombreuses entre Sarrelouis, Kirn et Sarrebourg.

» Toute l'infanterie du 8ᵉ corps serait dans le Höl-
» ler-thal, à gauche de Düttweiler, ainsi qu'à Jägers-
» Freude. Le 6ᵉ cuirassiers serait en arrière de Sarre-
» brück.

» Une lettre de ce matin porte que le nombre des
» troupes prussiennes augmente sur la Sarre. La cir-
» culation est très-active entre Trèves et Sarrelouis.
» Des troupes nombreuses avec 38 pièces de gros ca-
» libre occuperaient les hauteurs de Felsberg, près
» Sarrelouis. On signale beaucoup d'hommes apparte-
» nant au 7ᵉ corps. Tous les villages de Conz à Sarre-
» louis seraient pleins de troupes.

» Le bruit court chez les Prussiens, depuis plusieurs
» jours déjà, d'une offensive prochaine de leur part.
» Les dernières nouvelles annoncent que Trèves et
» Conz sont complétement dégarnies de troupes ; elles
» se seraient portées dans la direction de Sarrelouis.

» *Signé* : Lewal. »

sienne semblait prononcer un mouvement contre son corps. (2ᵉ corps).

Le général Frossard au maréchal Bazaine,
à Saint-Avold.

« Forbach, 6 août, 10 h. 6 matin; expédiée à 10 h. 20 matin.

» L'ennemi a fait descendre des hauteurs de
» Sarrebrück, vers nous, de fortes reconnaissances,
» infanterie et cavalerie; mais il ne prononce pas
» encore son mouvement d'attaque. Nous avons
» pris nos mesures sur les plateaux et sur la route.
» Je n'irai pas à la gare de Saint-Avold. » (Dépêche télégraphique.)

Et trois quarts d'heure plus tard :

Le général Frossard au maréchal Bazaine,
à Saint-Avold.

« Forbach, 6 août, 10 h. 40 matin; expédiée à 10 h. 50 matin.

» On me prévient que l'ennemi se présente à
» Rosbrück et à Merlebach, c'est-à-dire derrière
» moi. Vous devez avoir des forces de ce côté. »
(Dépêche télégraphique)[1].

---

[1] *Le maréchal Bazaine au général Frossard,*
à Forbach.

« Saint-Avold, 5 août.

» Je n'ai pas répondu à votre dépêche d'hier, mandé

Malgré l'inquiétude que me donnait la présence de l'ennemi sur plusieurs points éloignés les uns des autres, je pris aussitôt les mesures nécessaires pour appuyer le 2⁰ corps et faciliter sa concentration sur la très-forte position de Cadenbronn, que j'indiquai à son chef[1].

» que j'étais par l'Empereur, à Boulay. Je reviens ce
» matin. Les divisions du 3ᵉ corps font les mouvements
» suivants, par ordre de l'Empereur : la division Mon-
» taudon va à Sarreguemines, la division Castagny à
» Puttelange, la division Metman à Marienthal, et la
» division Decaen vient à Saint-Avold, où reste mon
» quartier général. Avez-vous reçu des instructions du
» major général ? » (Dépêche télégraphique.)

[1] *Le maréchal Bazaine au général Frossard,*
à Forbach.

« Saint-Avold, 6 août, 11 h. 15 matin.

» D'après les ordres de l'Empereur, j'ai porté les
» divisions Castagny et Metman sur Puttelange et Ma-
» rienthal. Je n'ai plus personne à Rosbrück, ni à Mer-
» lebach ; j'envoie en ce moment une brigade de dra-
» gons dans cette direction. » (Dépêche télégraphique.)

Le maréchal Bazaine à l'Empereur, à Metz.

« Saint-Avold, 6 août, 12 h. 30 matin.

» Pour faire suite à ma dépêche de midi, j'ai pris les
» dispositions suivantes : Une brigade de dragons à

J'avais envoyé la brigade de dragons de Juniac sur la route de Forbach, à Haut-Hombourg; à trois

---

» Haut-Hombourg; le général Metman avec une bri-
» gade se porte à Betting-lez-Saint-Avold, son autre bri-
» gade sur Macheren et Mittenberg. Le général de Cas-
» tagny va faire marcher une brigade sur la position
» de Théding, à gauche de Cadenbronn, et il l'appuiera,
» en se portant de sa personne, avec son autre brigade,
» à Farschwiller.

» Les reconnaissances de ce matin n'avaient rien
» signalé ; cependant, ce matin, vers huit heures et
» demie, quand je suis allé sur la route de Carling vi-
» siter les avant-postes du 85°, nous avons reçu quel-
» ques coups de fusil de vedettes de cavalerie.

» Je tiendrai Votre Majesté au courant. » (Dépêche télégraphique.)

Le maréchal Bazaine au général Frossard, à Forbach.

« Saint-Avold, 6 août, 1 h. soir.

» Quoique j'aie très-peu de monde sous la main pour
» garder la position de Saint-Avold, je fais marcher la
» division Metman sur Macheren et Betting-lez-Saint-
» Avold, la division de Castagny sur Farschwiller et
» Théding. Je ne puis faire plus ; mais comme vous
» avez vos trois divisions réunies, il me semble que celle
» qui est à OEtting peut très-bien envoyer une brigade
» et même plus à Morsbach, afin de surveiller Rosbrück,

heures, sur la demande du général Frossard, elle partit pour Forbach, où elle arriva à quatre heures[1].

» c'est-à-dire, la route d'Assaet par Emersweiler et
» par Gross-Rossell, vers Sarrelouis. Notre ligne est
» malheureusement très-mince, par suite des dernières
» dispositions prises, et si le mouvement est vraiment
» aussi sérieux, nous ferons bien de nous concentrer
» sur la position de Cadenbronn. Tenez-moi au cou-
» rant. » (Dépêche télégraphique.)

Excepté pour Sarreguemines même, le télégraphe ne fonctionnait plus sur les points intermédiaires entre cette ville et Saint-Avold, les employés ayant reçu l'ordre, depuis quelques jours, de se retirer. J'étais donc obligé d'envoyer mes dépêches par des officiers et par estafettes. (*Note de l'auteur.*)

[1] *Le général de Juniac au maréchal Bazaine,*
à Saint-Avold.

« Puttelange, 7 août, 5 h. matin.

» Après votre dépêche, reçue à trois heures, à Haut-
» Hombourg, j'ai mis la plus grande rapidité à me
» rendre à Forbach. A mon arrivée, à quatre heures,
» j'ai eu l'honneur de voir le général Frossard, qui,
» après m'avoir félicité sur ma prompte arrivée, m'a
» envoyé occuper les trois points de Morsbach, Bening
» et Merlebach. A la fin du combat, qui s'était passé en
» partie en face de moi, j'ai conservé mes positions ;
» mais dans la nuit, ayant envoyé une reconnaissance

La division Metman (3ᵉ du 3ᵉ corps) reçut, à midi un quart, l'ordre, porté par un officier de mon état-major général, de se rendre, à la légère, à Bening-lez-Saint-Avold, laissant un régiment et une section d'artillerie à Macheren, sur la position de Mittenberg ; elle devait se tenir prête à recevoir l'attaque par Merlebach, que le général Frossard me faisait pressentir, ou à se porter à l'aide du

---

» sur Forbach, j'ai appris que le général Frossard
» l'avait complétement évacué pour se diriger sur
» Sarreguemines, m'ayant oublié.

» Toutes les troupes étant parties et me trouvant
» seul, observé par l'ennemi, qui m'aurait enlevé à la
» pointe du jour, ma position n'était plus tenable. J'ai
» fait monter à cheval, à une heure du matin, dans le
» plus grand silence, pour dérober mon mouvement.
» J'ai en même temps envoyé un adjudant prévenir les
» détachements de Bening et Merlebach pour les rallier
» à moi. La brigade Arnaudeau se trouvait dans la
» même position que moi. Nous fîmes ensemble la route
» de Puttelange, où je viens d'arriver, à cinq heures
» du matin, me ralliant sur une division de votre corps
» d'armée. J'attends les ordres de Votre Excellence.
» Les détachements que j'avais rappelés ne vont pas,
» je pense, tarder à me rejoindre. Mes hommes et mes
» chevaux sont épuisés de fatigue et de besoin.

» *Signé* : DE JUNIAC. »

2ᵉ corps., suivant les circonstances. Cette division, entendant le canon, était sous les armes, conformément aux instructions qu'elle avait reçues la veille au soir, et commença son mouvement immédiatement. Elle dut être rendue sur ses nouvelles positions de bonne heure, mais ne fut appelée à Forbach que vers sept heures, et n'y rencontra pas le commandant du 2ᵉ corps, lorsqu'elle s'y fut rendue[1].

Le même officier, continuant jusqu'à Puttelange, atteignit cet endroit à une heure, transmit au général de Castagny (2ᵉ division du 3ᵉ corps) l'ordre de se porter sur Farschwiller, d'y laisser une brigade, et de continuer avec le reste de ses troupes jusqu'en avant de Théding, à l'ouest de la position de Cadenbronn, se reliant avec le général Metman sur sa gauche, et entrant en communication avec le général Frossard. Le général de Casta-

---

[1] *Le général Metman au maréchal Bazaine,*
à Saint-Avold.

« Bening, par Farschwiller, 7 août.

» Parti de Bening hier, à sept heures trente minutes
» du soir. Dépêche télégraphique du général Frossard.
» Cherché toute la nuit général. Reparti ce matin de
» Forbach pour Puttelange. Les hommes sans vivres. »
(Dépêche télégraphique.)

gny continua son mouvement dans la direction dans laquelle il était engagé; plus tard, n'entendant plus le canon, il se reporta sur Puttelange, d'où il repartit de nouveau, s'arrêtant, à la nuit, à Folckling[1].

---

[1] *Le général de Castagny au maréchal Bazaine, à Saint-Avold.*

« Puttelange, 7 h. 30 matin.

» J'ai l'honneur de rendre compte à Votre Excel-
» lence que M. le capitaine Thomas, qui conduisait les
» bagages de M. le général Frossard, m'a informé,
» lorsque je suis arrivé à Folckling, que je ne pourrais
» pas rejoindre Forbach, qui était évacué. J'ai alors
» arrêté ma colonne, j'ai pris les dispositions que j'ai
» expliquées au chef d'escadron Castex, de votre état-
» major général, puis je me suis décidé à envoyer deux
» officiers dans la direction de Forbach pour tenter de
» prendre les ordres du général Frossard, sous le
» commandement duquel vous m'aviez mis, par votre
» ordre du 6 août (six heures un quart). Ces officiers
» n'ont trouvé que le général Metman, qui leur a dit:
» qu'il était à Forbach depuis six heures, que le géné-
» ral Frossard était parti depuis deux heures dans la
» direction de Sarreguemines, que la division Bataille,
» la moins maltraitée de la journée, se dirigeait sur
» Sarreguemines, que lui-même allait prendre la même
» route déjà encombrée, qu'au jour j'allais me trouver

La division Montaudon (1re du 3e corps), sur la demande du général Frossard[1], reçut l'ordre, à trois heures, de se porter de Sarreguemines, que l'ennemi n'inquiétait plus, sur Grossbliederstroff[2].

» tout seul dans la position que j'occupais entre Folck-
» ling et Théding, que l'ennemi était très en forces,
» et que ce que j'avais de mieux à faire était de me
» replier sur Puttelange, pour me diriger de là sur Sar-
» reguemines.

» *Signé* : DE CASTAGNY. »

[1] *Le général Frossard au maréchal Bazaine,*
à Saint-Avold.

« Forbach, 6 août (arrivée vers 2 h. 30).

» Je suis fortement engagé, tant sur la route et dans
» les bois que sur les hauteurs de Spickeren : c'est une
» bataille. Prière de faire marcher rapidement votre
» division Montaudon vers Grossbliederstroff, et votre
» brigade de dragons sur Forbach. » (Dépêche télégraphique.)

[2] *Le maréchal Bazaine au général Montaudon,*
à Sarreguemines.

« Saint-Avold, 6 août, 3 h. soir.

» Laissez la garde de Sarreguemines aux troupes du
» général Lapasset et dirigez-vous avec toute votre di-
» vision, sans vos *impedimenta*, sur Grossbliederstroff,
» et tenez-vous à la disposition du général Frossard,

Pendant ce temps, j'appelai à moi la division de réserve de cavalerie du général de Forton (3ᵉ), qui

» qui est fortement engagé du côté de Spickeren. Sui-
» vez, bien entendu, la rive gauche de la Sarre, et voyez
» s'il ne serait pas bon, pour vous servir de point
» d'appui, de diriger une colonne sur Rouhling. » (Dépêche télégraphique.)

Le général Montaudon au maréchal Bazaine,
à Saint-Avold.

« Puttelange, 7 août.

» Je suis parti hier, à cinq heures, de Sarreguemines.
» Arrivé près de Grossbliederstroff, j'ai su par des ren-
» seignements, ainsi que par la direction des feux, que
» je ne pouvais en passant par ce point entrer en com-
» munication avec le général Frossard. J'ai pris ma
» direction sur Etzling; mais la nuit étant arrivée, je
» me suis trouvé en arrière de la position de Spickeren,
» vers Rousbach, où je me suis arrêté jusqu'à une heure
» et demie du matin. Ayant appris que le général Fros-
» sard battait en retraite sur Sarreguemines, je me suis
» dirigé sur Woustwiller pour appuyer sa gauche; mais
» le général de Castagny me fit savoir qu'il avait ordre
» de vous rallier. Je me suis établi sur Puttelange, qu'il
» venait d'occuper.

» *Le général commandant la* 1ʳᵉ *division*
» *du* 3ᵉ *corps,*
» *Signé :* MONTAUDON. »

se trouvait à Faulquemont, à cinq lieues en arrière de mes lignes, et l'établis à Folschwiller.

De son côté, la Garde avait reçu dans la journée l'ordre du grand quartier général de se porter sur Saint-Avold; elle arriva à Longeville-lez-Saint-Avold, à trois kilomètres de Saint-Avold, le 7 août au matin [1].

---

[1] *Le major général au maréchal Bazaine,*
à Saint-Avold.

« Metz, 6 août, 3 h. 45 soir; expédiée à 4 h. 5 soir.

» La Garde est en ce moment à Courcelles, et se
» rendra à Saint-Avold par la route de terre. Elle a
» vingt-cinq kilomètres à faire; l'ordre d'urgence lui a
» été envoyé par un officier, qui est parti depuis une
» heure. » (Dépêche télégraphique.)

Le général Bourbaki au maréchal Bazaine,
à Saint-Avold.

« Courcelles-Chaussy, 6 août, 11 h. 45 soir.

» J'ai l'honneur de vous accuser réception de la dé-
» pêche que vous m'avez adressée au sujet du mouve-
» ment de la Garde impériale. La division de cavalerie,
» partie ce soir, sera demain matin à Zimming, en re-
» lation avec les troupes qui occupent Boucheporn. A
» neuf ou dix heures du matin, la tête de colonne des
» voltigeurs débouchera à Longeville-lez-Saint-Avold;

Telles sont les phases principales de cette journée du 6 août, en ce qui me regarde. Pour ce qui était de quitter, de ma personne, Saint-Avold, qui ne se trouve qu'à six lieues de Sarrelouis et à trois kilomètres de la frontière, et que je ne pouvais défendre, je le répète, qu'avec une seule division, la division Decaen (4e du 3e corps), cela m'était impossible. Les approches de cette position, du côté de la frontière, sont couvertes par une épaisse forêt, propre à dissimuler les mouvements de l'ennemi; et si Saint-Avold avait été enlevé, c'en eût été fait de l'aile gauche de l'armée du Rhin, percée par son centre.

A six heures du soir, je détachai de Saint-Avold un régiment, sur la demande pressée de secours que m'adressa le général Frossard[1]. Ce régiment

---

» les grenadiers suivront. Je serai, de ma personne,
» près de vous, à quatre ou cinq heures du matin.

» *Le général de division commandant en chef*
» *la Garde impériale,*

» *Signé :* BOURBAKI. »

[1] *Le général Frossard au maréchal Bazaine,*
à Saint-Avold.

« Forbach, 6 août, 5 h. 45 soir.

» La lutte, qui a été très-vive, s'apaise, mais elle

partit par le chemin de fer, en deux trains, dont le premier atteignit Forbach vers huit heures, tandis que le second fut arrêté à Bening par les employés du chemin de fer, qui firent débarquer les troupes. C'était tout ce que je pouvais faire.

Mon initiative était d'ailleurs entravée. C'est

» recommencera sans doute demain; envoyez-moi un
» régiment. » (Dépêche télégraphique.)

Le général Frossard au maréchal Bazaine,
à Saint-Avold.

« Forbach, 6 août, 5 h. 30 soir ; expédiée
à 5 h. 45 soir.

» Ma droite, sur les hauteurs, a été obligée de se
» replier. Je me trouve compromis gravement. En-
» voyez-moi des troupes, très-vite et par tous les
» moyens. » (Dépêche télégraphique.)

Le maréchal Bazaine au général Frossard,
à Forbach.

« Saint-Avold, 6 août, 6 h. 15 soir.

» Je vous envoie un régiment par le chemin de fer.
» Le général de Castagny est en marche vers vous ; il
» reçoit l'ordre de vous rejoindre. Le général Montau-
» don a quitté Sarreguemines, à cinq heures, marchant
» sur Grossbliederstroff ; le général Metman est à Bet-
» ting. Vous avez dû recevoir la brigade de dragons du
» général de Juniac. » (Dépêche télégraphique.)

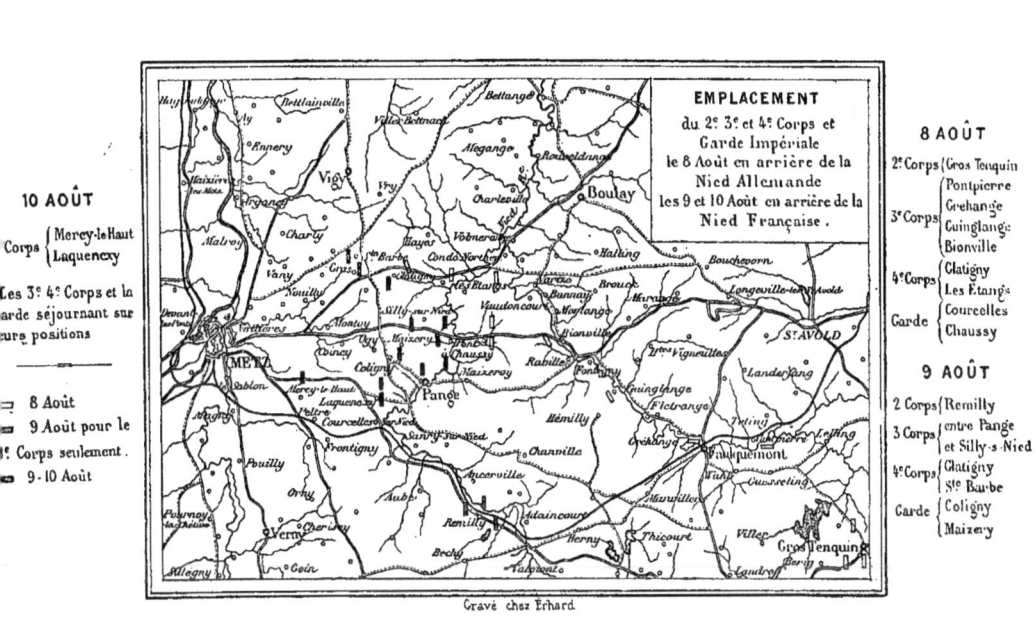

ainsi qu'après avoir donné l'ordre au général de Ladmirault de replier de suite son corps d'armée (le 4ᵉ) sur Saint-Avold, je fus informé par lui qu'un ordre de l'Empereur le rappelait vers Metz[1]. Je n'avais pas été prévenu par le grand quartier général, comme j'aurais dû l'être, de cette nouvelle disposition.

Je ne raconterai pas ici les journées des 8, 9, 10, 11 août. La retraite, pendant laquelle nous occupâmes successivement les positions des Nied allemande et française, se fit par un temps épouvantable; elle était pressée de plus en plus par l'Empereur, qui se rendait chaque jour de Metz à mon quartier général pour la hâter. C'est ainsi qu'il vint à Faulquemont, le 9 août au matin, accompagné de M. le général Changarnier. J'avais alors reçu du major

---

[1] *Le général de Ladmirault au maréchal Bazaine, à Saint-Avold.*

« Boulay, 7 août, 6 h. 8 m. matin; expédiée à 6 h. 50 m. matin.

» J'informe Votre Excellence que j'ai reçu l'ordre
» direct de l'Empereur de me replier sur Metz, avec
» tout mon corps d'armée. Je donne des ordres à mes
» trois divisions pour qu'aujourd'hui, 7, elles viennent
» prendre position à Boulay. Elles ne se porteront donc
» pas vers Saint-Avold. » (Dépêche télégraphique.)

général l'autorisation de faire séjourner les troupes, fatiguées des journées précédentes et d'une marche de quatorze heures, la veille. J'émis l'avis qu'il serait préférable de se porter sur Nancy et Frouard, pour rallier les 1er, 5e, 7e et 6e corps ; il me fut objecté que l'on découvrait de cette façon Paris, et je dus reporter ma ligne, le même jour, en arrière de la Nied française.

Après une marche incessante, par l'intempérie qui dura tous ces jours, n'ayant pu bien souvent manger la soupe, le soldat ne laissait pas que d'être dans une situation morale un peu chancelante [1].

---

[1] *Le général Decaen au maréchal Bazaine,*
à Faulquemont.

« Position en face de Biouville, Morlange et Bonnay,
à 10 h. 30 matin.

(Cette dépêche est du 9 août, au matin. — *Note de l'auteur.*)

» Je vous prie en grâce de ne pas me faire faire de
» mouvement aujourd'hui. Les hommes sont rendus
» de fatigue, la soupe n'est pas mangée, et il faudrait
» encore y renoncer ce soir. Enfin, j'ai dit à M. Du-
» verney, chef d'escadron, l'état moral que j'ai con-
» staté. Hier, arrivés à onze heures et demie du soir,
» avec une pluie battante, manquant de moral (j'ai le
» regret de vous le dire), il leur faut un peu de repos

Les nouvelles désastreuses de Wissembourg et de Reichshofen, dont les détails encore confus étaient exagérés par l'inquiétude, circulaient dans les camps; l'affaire malheureuse de Spickeren, la pré-

---

» et de la soupe ce soir. De plus, arrivé hier soir à onze
» heures, j'ai dû ce matin, de bonne heure, aller recti-
» fier les emplacements, pris sans y voir. Ils n'ont donc
» pu se reposer.

» J'attends vos ordres.

» *Signé :* DECAEN. »

Le général Montaudon au maréchal Bazaine,
à Faulquemont.

« Pontpierre, lundi 8 août.

» Conformément aux prescriptions de Votre Excel-
» lence, je me suis retiré aujourd'hui avec ma division,
» de Puttelange sur Faulquemont. Mes premières
» troupes sont arrivées à hauteur de Pontpierre, vers
» quatre heures; à cinq heures, la division était cam-
» pée, comme me l'a ordonné Votre Excellence.

» D'après ce que m'a rapporté mon arrière-garde et
» d'après les renseignements qui m'arrivent de toute
» part, une colonne prussienne, infanterie et cavalerie,
» m'aurait suivi et serait à huit kilomètres environ. Cette
» colonne ramasserait les traînards de tous les corps.

» Sur mon flanc droit, s'étend une crête qui domine
» tous les environs et dont la largeur est d'environ

sence dans nos rangs de l'élément raisonneur et mécontent des soldats de la réserve ; toutes ces circonstances contribuaient à impressionner la troupe.

Pourtant l'armée du Rhin sut triompher de ce malaise, et prouva, le 14 août, que l'on pouvait compter sur elle.

Le 11 août, l'armée était concentrée sous Metz, sur la rive droite de la Moselle.

» trois kilomètres. Ce coteau forme une très-belle posi-
» tion, dont le flanc droit s'appuie à une colline boisée,
» et le flanc gauche à la Nied et à Pontpierre.

» Afin de me couvrir à droite, j'ai placé un batail-
» lon sur la crête, entre Pontpierre et la grande route,
» et deux compagnies à l'autre extrémité.

» Afin de savoir au juste ce qui se passe, j'ai envoyé
» sur la route que nous avons suivie un escadron en
» reconnaissance.

» La marche d'aujourd'hui a assez fatigué les trou-
» pes de la division, déjà épuisées par les marches de
» nuit et les alertes des jours précédents; aussi prie-
» rai-je Votre Excellence, si cela est possible, de vou-
» loir bien donner un jour de repos à la division.

» *Le général commandant la 1re division*
» *du 3e corps,*

» *Signé :* MONTAUDON. »

12 AOUT.

Avant d'entreprendre le récit des événements qui suivirent la retraite de l'armée sous Metz, je crois utile de faire connaître la situation des troupes qui furent placées, le 12 août, sous mon commandement en chef[1].

---

[1] *Le major général au maréchal Bazaine.*

« Au grand quartier général, à Metz, 12 août.

» J'ai l'honneur de vous informer que, par décret
» en date de ce jour, l'Empereur vous a nommé au
» commandement en chef de l'armée du Rhin.

» Votre Excellence prendra immédiatement posses-
» sion de son commandement.

» Par décision, également de ce jour, l'Empereur a
» nommé aux fonctions de chef d'état-major général
» de l'armée du Rhin M. le général de division Jarras,
» aide-major général de ladite armée.

» *Le major général,*

» *Signé :* Le Bœuf. »

L'Empereur au maréchal Bazaine, à Borny.

« Quartier général, à Metz, 12 août.

» Mon cher maréchal,

» Lorsqu'au commencement de la guerre, je créai

L'armée du Rhin, proprement dite, se composait donc des éléments suivants, le 13 août, date du jour où j'eus l'honneur d'entrer en possession du commandement (*Voir la carte n° 2*) :

1° 2ᵉ corps, général *Frossard* : 3 divisions d'infanterie, 4 régiments de cavalerie.

Ce corps avait perdu 73 hommes, dont 2 officiers, le 2 août, à l'affaire de Sarrebrück, et à Spickeren, le 6 août, 4,078 hommes, dont 2 généraux, le général Doens tué, le général Pouget disparu, et 247 officiers.

La brigade Lapasset, du 5ᵉ corps, n'ayant pu

» plusieurs corps d'armée, dont quelques-uns étaient
» destinés à opérer loin de moi, je nommai le maréchal
» Le Bœuf major général, afin qu'il y eût de l'unité
» dans la direction des opérations militaires. Mais,
» depuis que je vous ai nommé général en chef de l'ar-
» mée du Rhin, les fonctions de major général devien-
» nent superflues, et le maréchal Le Bœuf lui-même
» propose d'y renoncer.

» Je vous prie donc de prendre à votre état-major
» les officiers qui étaient auprès du maréchal Le Bœuf.
» Mes relations avec vous se feront par l'intermédiaire
» de mes aides de camp et officiers d'ordonnance.

» Croyez, mon cher maréchal, à mon amitié.

» *Signé* : Napoléon. »

quitter Sarreguemines en temps utile pour rejoindre son corps d'armée, fut réunie au 2ᵉ corps, et remplaça en partie ses pertes.

2° 3ᵉ corps, général *Decaen* : 4 divisions d'infanterie, 7 régiments de cavalerie.

3° 4ᵉ corps, général *de Ladmirault* : 3 divisions d'infanterie, 4 régiments de cavalerie.

4° 6ᵉ corps, maréchal *Canrobert* : 3 divisions d'infanterie (1ʳᵉ, 3ᵉ, 4ᵉ), et 1 régiment de la 2ᵉ.

Ce corps, appelé en toute hâte du camp de Châlons, n'avait que 6 batteries d'artillerie, sans réserves ni parcs, aucune cavalerie, aucuns services. Je dus prendre, à mesure que cela me fut possible, les éléments de tant de parties manquantes dans les autres corps d'armée et dans la réserve générale d'artillerie.

5° Garde impériale, général *Bourbaki* : 2 divisions d'infanterie, 6 régiments de cavalerie.

6° La 3ᵉ division de réserve de cavalerie, général de Forton, composée d'une brigade de cuirassiers et d'une de dragons.

7° La 1ʳᵉ division de réserve de cavalerie, général *du Barrail,* formée des trois premiers régiments de chasseurs d'Afrique, le 4ᵉ n'ayant pu rejoindre.

8° L'artillerie, dont la réserve générale, général *Canu* (16 batteries), présentait un total de 90 batteries.

Soit 456 canons
Et 84 mitrailleuses.
───────
540 bouches à feu en tout.

Le grand parc, parti de Versailles, le 10 août, ne put jamais rejoindre l'armée; en fait, il ne dépassa pas Toul.

Toutes ces troupes, auxquelles était adjoint un personnel auxiliaire trop considérable, comprenant les services généraux de l'armée du Rhin tout entière, formaient, le 13 août, un effectif d'environ 170,000 hommes.

Soit approximativement, n'ayant pas les situations de l'état-major :

Infanterie.	122,000 hommes.
Cavalerie.	13,000
Artillerie.	10,000
Génie, services administratifs, gardes mobiles, et services auxiliaires. . .	25,000
Total. . . .	170,000 rationnaires.

Le 14 août, la division de Laveaucoupet, du 2ᵉ corps, forte d'un peu plus de 8,000 hommes, fut laissée à Metz par l'ordre de l'Empereur[1], pour occuper les forts et constituer la garnison ; elle dut y être immobilisée tout le temps de l'investissement.

Le devoir me fit accepter, avec le commandement en chef de l'armée du Rhin, une situation déjà bien compromise. Je recevais en même temps l'ordre impératif de passer la Moselle sans retard, pour me replier sur les plaines de la Champagne.

Les moyens pour effectuer le passage étaient bornés. Un équipage de ponts de corps d'armée avait été envoyé à Forbach, le 1er août, par le chemin de fer, et avait dû y être abandonné, le 6, faute de chevaux. Il fallut recourir aux ponts de chevalets, plus longs à établir.

Le général Coffinières, commandant en chef du

---

[1] *L'Empereur au maréchal Bazaine, à Borny.*

« 14 août.

» Donnez des ordres pour laisser la division Laveau-
» coupet à Metz, où elle relèvera la division Lafont de
» Villiers.

» Désignez les canonniers, les hommes du génie et
» une partie des hommes à pied de la cavalerie qui
» doivent rester à Metz.

» NAPOLÉON. »

(Dépêche télégraphique.)

génie de l'armée, me déclara, le 13, qu'il ne pouvait être prêt avant le 14 au matin, d'autant que dans la nuit du 12 au 13 une crue subite des eaux de la Seille et de la Moselle, due aux grandes pluies des jours précédents, et peut-être à la levée des vannes de l'étang de Lindre par l'ennemi[1], avait enlevé quelques ponts de chevalets et couvert une partie des autres, ainsi que les prairies qui en formaient les abords : il avait donc fallu recommencer le travail.

J'informai l'Empereur de la situation.

Le maréchal Bazaine à l'Empereur, à Metz.

« Borny, 13 août.

» J'ai reçu l'ordre de Votre Majesté de hâter le
» mouvement de passage sur la rive gauche de la

---

[1] L'étang de Lindre, situé au-dessus de Marsal, communique avec la Seille, et un travail y avait été commencé, lequel devait permettre de grossir les eaux des deux Seille, afin d'augmenter la valeur de ces lignes de défense, ainsi que de rendre possible par tous les temps de couvrir les abords de Metz, en amont, d'un blanc d'eau.

L'ennemi, qui occupa Marsal le 15 août, avait fort bien pu, dès le 12 ou le 13 au matin, faire lever les vannes de l'étang par ses éclaireurs. (*Note de l'auteur.*)

» Moselle; mais M. le général Coffinières, qui est
» en ce moment avec moi, m'affirme que, malgré
» toute la diligence possible, les ponts seront à
» peine prêts demain matin. D'un autre côté, l'in-
» tendant déclare ne pouvoir faire les distributions
» immédiatement.

» Je n'en donne pas moins des ordres pour que
» l'on reconnaisse les abords et les débouchés des
» ponts, et pour que l'on se tienne prêt à commen-
» cer le mouvement demain matin.

» Au moment de terminer ma lettre, je reçois de
» M. le général Decaen l'avis qu'une forte recon-
» naissance prussienne se présente à Retonfay, ainsi
» qu'à Ars-Laquenexy. »

L'Empereur cependant me pressait :

L'Empereur au maréchal Bazaine,   *Borny.*

« Metz, 12 août.

» Plus je pense à la position qu'occupe l'armée,
» et plus je la trouve critique; car, si une partie
» était forcée, et qu'on se retirât en désordre, les
» forts n'empêcheraient pas la plus épouvantable
» confusion. Voyez ce qu'il y a à faire, et si nous
» ne sommes pas attaqués demain, prenez une réso-
» lution.

» Croyez à mon amitié.

» *Signé* : NAPOLÉON. »

Et le 13 août :

L'Empereur au maréchal Bazaine, à Borny.

« Metz, 13 août.

» Les Prussiens sont à Pont-à-Mousson, 300 sont
» à Corny. D'un autre côté, on dit que le prince
» Frédéric-Charles fait un mouvement tournant
» vers Thionville. Il n'y a pas un moment à perdre
» pour faire le mouvement arrêté.

» *Signé :* NAPOLÉON. »

En vain j'objectais que le passage d'une rivière
ne pouvait s'effectuer dans de pareilles conditions,
qu'il fallait au préalable prendre l'offensive pour
rejeter l'ennemi loin de la place. J'écrivis à l'Empereur le 13 août :

Le maréchal Bazaine à l'Empereur, à Metz.

« Borny, 13 août, 9 h. soir.

» L'ennemi paraissant se rapprocher de nous et
» vouloir surveiller nos mouvements, de telle façon
» que le passage sur la rive gauche pourrait entraî-
» ner un combat défavorable pour nous; il est pré-
» férable, soit de l'attendre dans nos lignes, soit
» d'aller à lui par un mouvement général d'offen-
» sive. Je vais tâcher d'avoir des renseignements
» sur les positions qu'il occupe, et sur l'étendue de

» son front. J'ordonnerai alors les mouvements que
» l'on devra exécuter, et j'en rendrai compte à
» Votre Majesté. Les fils télégraphiques sont con-
» stamment rompus, et je crains que ce ne soit pas
» un bon système de les laisser courir sur le sol,
» au milieu d'une agglomération aussi forte que la
» nôtre. »

En prenant l'offensive, je pensais surprendre l'ennemi en flagrant délit de mouvement de flanc, et pouvoir le rejeter au delà de la Nied. Si le succès eût répondu à mon attente, coupant l'armée allemande par la vallée supérieure de la Moselle, je pouvais arriver jusqu'à Frouard, et commander ainsi la ligne du chemin de fer de l'Est, en occupant la très-forte position du plateau de Haye, entre Nancy et Toul, position que j'avais signalée depuis deux ans à l'attention du ministre de la guerre. De plus, je rejoignais alors mon grand parc, dont l'absence allait avoir des conséquences si graves pour la suite des événements.

L'Empereur me répondit :

L'Empereur au maréchal Bazaine, à Borny.

« Metz, 13 août, 11 h. soir.

» La dépêche que je vous envoie, de l'Impéra-
» trice, montre bien l'importance que l'ennemi

» attache à ce que nous ne passions pas sur la rive
» gauche. Il faut donc tout faire pour cela, et si
» vous croyez devoir faire un mouvement offensif,
» qu'il ne vous entraîne pas de manière à ne pou-
» voir opérer votre passage. Quant aux distribu-
» tions, on pourra les faire sur la rive gauche, en
» restant lié avec le chemin de fer. »

» *Dépêche de l'Impératrice.*

» Paris, 13 août, 7 h. 45 m. soir.

» Ne savez-vous rien d'un mouvement au nord
» de Thionville, sur le chemin de fer de Sierck, sur la
» frontière du Luxembourg? On dit que le prince
» Frédéric-Charles pourrait bien se diriger sur
» Verdun, et il peut se faire qu'il ait opéré sa jonc-
» tion avec le général Steinmetz, et qu'alors il
» marche sur Verdun pour y rejoindre le Prince
» Royal et passer, l'un par le Nord, l'autre par le
» Sud. La personne qui donne ce renseignement
» croit que le mouvement sur Nancy, et le bruit
» qu'on en fait, pourrait n'avoir pour but que
» d'attirer notre attention au Sud, pour faciliter la
» marche que le prince Frédéric-Charles fera dans
» le nord. Il pourrait tenter cela avec les huit corps
» d'armée dont il dispose. Le prince opérera-t-il
» ainsi, ou essaye-t-il de rejoindre le Prince Royal

» en avant de Metz, pour franchir ensemble la
» Moselle? Paris plus calme et attend avec moins
» d'impatience.

» *Signé :* NAPOLÉON. »

Ces graves nouvelles m'obligeaient évidemment à franchir la Moselle au plus vite.

J'avais, en tout état de cause, prévenu les commandants des 2e et 4e corps, aile droite et aile gauche, qu'ils eussent à se tenir prêts à commencer leur passage, dès le lever de la lune, au premier signal, pendant la nuit du 13 au 14.

Malgré toute la diligence et le zèle qui furent apportés dans la réparation des désordres causés par la crue des eaux, il ne fut pas possible de commencer le mouvement avant le 14 au matin, et encore assez tard [1].

---

[1] *Le maréchal Bazaine à l'Empereur, à Metz.*

« Borny, 14 août, 12 h. 30 m. soir.

» MM. les généraux Frossard et de Ladmirault ont
» commencé leur mouvement de passage de la Mo-
» selle. Le 4e corps et le 3e suivront la route de Con-
» flans, le 2e et le 6e corps la route de Verdun. La
» Garde suivra cette même dernière route avec la ré-
» serve du général Canu. J'espère que le mouvement

Le 3ᵉ corps, occupant le centre de la ligne, dut couvrir la retraite. Des pertes de temps et de distance furent cause que le dernier échelon de ce corps se trouvait encore à son campement, alors qu'il aurait dû être en pleine opération de retraite et déjà sous le feu des forts. Profitant de ce retard, l'ennemi l'attaqua vers trois heures, et les masses qu'il présenta obligèrent bientôt toutes les troupes du 3ᵉ corps à entrer successivement en ligne, en avant de Borny. Une partie du 4ᵉ corps, qui avait opéré son mouvement, repassa la Moselle et prit part à l'action pour soutenir sa 2ᵉ division, qui, n'ayant pas encore franchi la rivière, se trouvait engagée. La Garde ne donna pas, elle demeura en réserve.

Tout en arrêtant l'offensive de l'ennemi, nous dûmes quitter nos positions et achever le passage de la Moselle, déjà très-avancé.

Nos pertes, au combat de Borny, furent de 3,610 hommes; dont le général Decaen, commandant le 3ᵉ corps, blessé, et mort des suites de sa blessure; les généraux de division de Castagny et de Clerembault, blessés, ainsi que le général de

---

» sera terminé ce soir. Les corps ont ordre de camper
» en arrière des abords de ces routes; afin de les
» prendre demain matin. »

COMBAT DE BORNY
14 Août

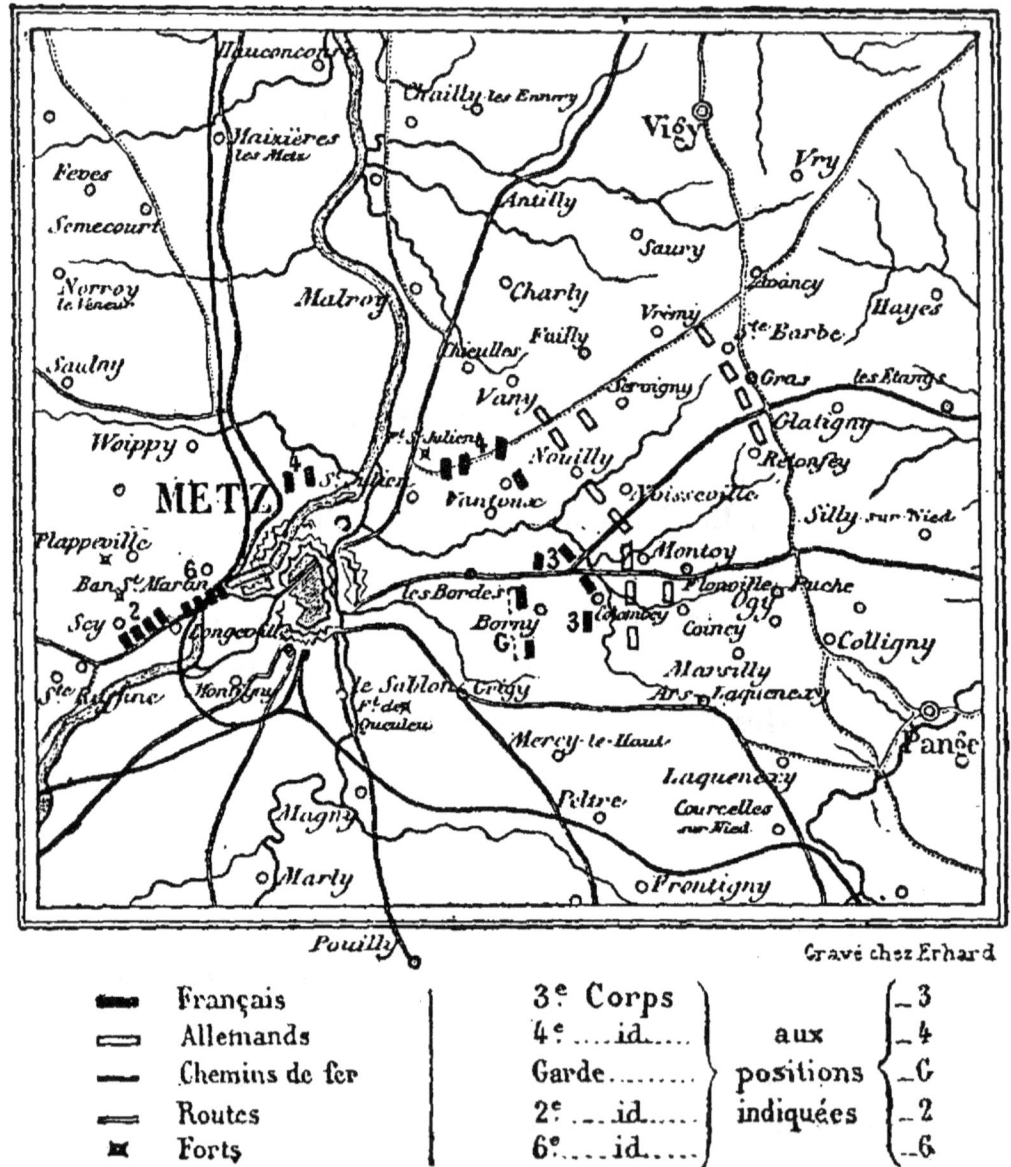

Gravé chez Erhard

▬ Français	3ᵉ Corps		— 3
▭ Allemands	4ᵉ id.....	aux	— 4
— Chemins de fer	Garde.........	positions	— G
— Routes	2ᵉ ....id.....	indiquées	— 2
✶ Forts	6ᵉ ....id.....		— 6

brigade Duplessis; et 197 officiers. Je reçus moi-même une forte contusion à l'épaule gauche et ne dus la vie qu'à mon épaulette, qui ne put être traversée par le projectile.

En retardant notre mouvement, les Allemands avaient obtenu le résultat qu'ils cherchaient (*Voir la carte n° 3*) : ils gagnaient le jour que nous perdions. En effet, les 2e et 6e corps, qui avaient franchi la rivière, le 14, sans être inquiétés, prirent, le 15, les positions que je leur avais indiquées, en avant de Gravelotte. La Garde effectuant son passage dès la fin du combat, dans la nuit du 14 au 15, atteignit Gravelotte, le 15 au soir. Mais les 3e et 4e corps ne terminèrent leur passage sur la rive gauche de la Moselle que le 15 dans la matinée [1]. Obligés de s'arrêter quelques heures pour compléter leurs

---

[1] *Extrait d'une lettre du général de Ladmirault au maréchal Bazaine.*

« Château du Sansonnet, 15 août.

. . . .

. . . .

. » J'ai dû garder les positions jusqu'à une heure de
» la nuit et diriger alors les troupes vers les ponts de
» la Moselle. A peine avais-je pu rallier tout le monde
» aujourd'hui à midi. »   . . . .

. . . .

munitions, ces corps ne purent s'élever qu'en partie sur le plateau de Gravelotte, le 15, et le temps leur manqua pour atteindre, le même jour, les positions que je leur avais assignées. Le 3ᵉ corps, dont le commandement fut pris alors provisoirement par M. le maréchal Le Bœuf[1], put à peine arriver avec deux de ses divisions jusqu'à Amanvillers et Verneville. Le 4ᵉ, moins avancé, ne put atteindre la position de Doncourt en Jarnisy, par ses têtes de colonnes, que le 16, à dix heures du matin, et le général de Ladmirault, son chef, crut devoir modifier son itinéraire, ce qui allongea la route, en passant par Sainte-Marie-aux-Chênes, afin d'éviter l'encombrement des chemins, peu nombreux et étroits[2].

---

[1] M. le maréchal Le Bœuf fut appelé provisoirement à la tête du 3ᵉ corps, dont le chef, le général Decaen, avait été blessé grièvement, le 14, à Borny; son commandement ne devint définitif que le jour de la mort du général. (*Note de l'auteur.*)

[2] *Le général de Ladmirault au maréchal Bazaine.*

« Château du Sansonnet, 15 août.

» Conformément aux ordres de Votre Excellence, » je vais mettre en route les troupes du 4ᵉ corps pour » les diriger sur Doncourt en Jarnisy. Je suis loin » d'avoir rallié tous les hommes des régiments; mais

EMPLACEMENT DE L'ARMÉE FRANÇAISE
le 16 Août au matin avant la bataille

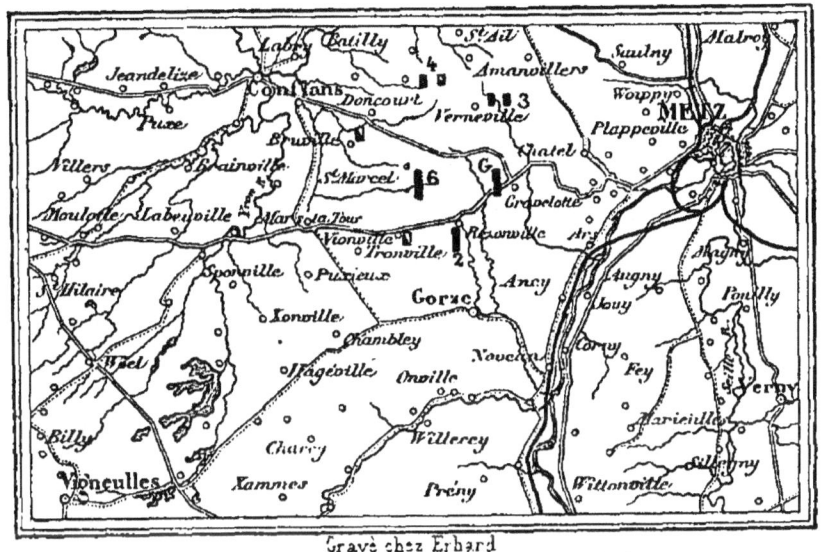

2ᵉ Corps — Rezonville	Dᴼⁿ de Cavⁱᵉ du Barrail } Doncourt
6ᵉ — id — St Marcel	
Garde — Gravelotte	Dᴼⁿ de Cavⁱᵉ de Forton } Vionville
3ᵉ Corps — Verneville	
4ᵉ Corps { entre Doncourt et Amanvillers	▬ Infanterie ▭ Cavalerie

L'Empereur, qui avait établi, le 14 août, son quartier général à Longeville-lez-Metz, coucha, le 15, à Gravelotte, et en partit, le 16, de grand matin, emmenant avec lui jusqu'à Verdun une brigade de chasseurs d'Afrique (la brigade Margueritte) et un bataillon du 3ᵉ grenadiers; ces troupes ne purent nous rejoindre par la suite.

Le 16 août au matin, les divers corps de l'armée du Rhin occupaient les positions suivantes :

Sur la route de Verdun :

La division de réserve de cavalerie de Forton,

» ils arrivent successivement, et je regarde comme com-
» plète la 3ᵉ division (Lorencez), qui, ce matin, à dix
» heures, est arrivée la première au bivouac. Je fais
» remplacer les munitions, surtout celles des batteries
» d'artillerie, qui, hier 14, ont pris une part très-
» vive au combat qui s'est livré sur le plateau de Saint-
» Julien. Je lui fais distribuer les vivres dont elle a
» besoin, et enfin je compte la mettre en route à deux
» heures. Le reste des troupes du 4ᵉ corps suivra cette
» division à de très-courts intervalles, mais de ma-
» nière à empêcher les encombrements. Enfin demain,
» dans la matinée, j'espère que tout le 4ᵉ corps sera
» réuni à Doncourt en Jarnisy. »

» *Le général commandant le 4ᵉ corps,*

» *Signé :* DE LADMIRAULT. »

en avant de Vionville, éclairant la route, depuis le 15 août ;

Les 2ᵉ et 6ᵉ corps en arrière, occupant Rezonville, Vionville, Saint-Marcel, etc. ;

La réserve générale d'artillerie entre Rezonville et Gravelotte.

A Gravelotte :

La Garde.

Sur la route de Conflans :

En avant de Doncourt, la division de chasseurs d'Afrique, observant la route, depuis le 15 ;

En arrière, auraient dû se trouver le 3ᵉ et le 4ᵉ corps, dont j'ai expliqué le retard.

Je ne me servais pas de la route de Briey, parce que cette route m'offrait des difficultés considérables de terrain aux environs de cette ville, et que des renseignements, corroborant la dépêche de l'Impératrice, citée plus haut, m'indiquaient du monde de ce côté ; on parlait d'un corps de cavalerie de 20,000 hommes. En avançant sur les deux routes sud qui mènent à Verdun, routes parallèles et peu distantes l'une de l'autre, j'avais l'avantage de garder l'armée plus compacte et de pouvoir faire face à l'ennemi, de quelque côté qu'il se présentât, mes deux ailes restant toujours parfaitement unies.

L'ennemi nous avait gagné de vitesse ; filant par Pont-à-Mousson et Corny, il gravissait en toute

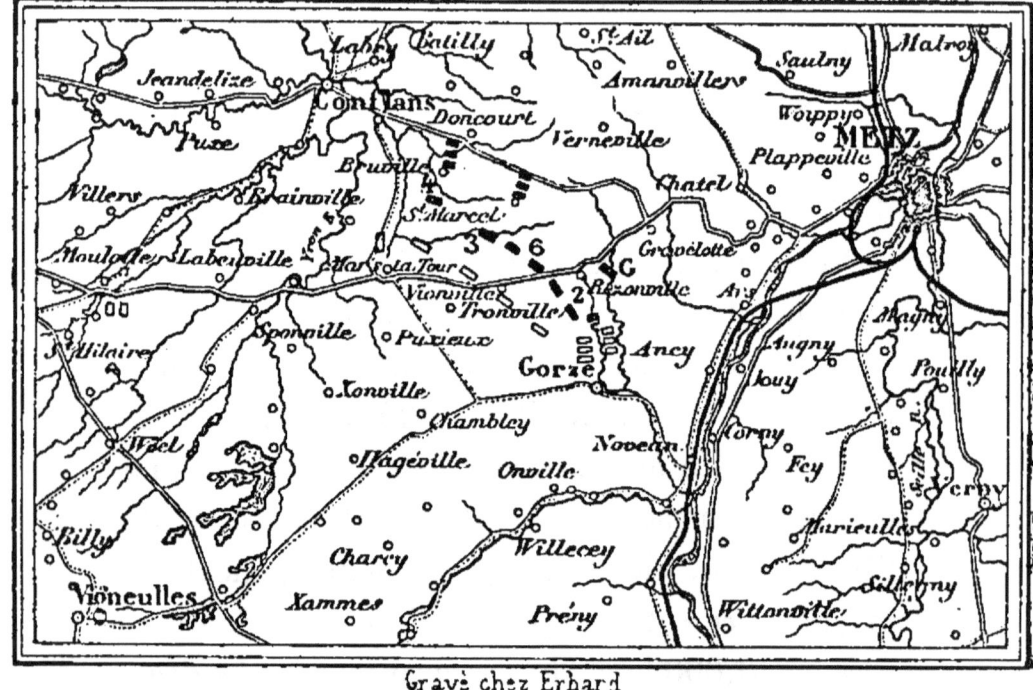

BATAILLE DE REZONVILLE
16 Août

hâte les défilés de Gorse et de Novéant, atteignant le plateau qui domine Mars-la-Tour, pour couper notre retraite.

Le matin du 16 août, les têtes de colonnes prussiennes donnèrent contre la division de cavalerie de Forton, qui dut se replier sur le 2ᵉ corps, et elles occupèrent Mars-la-Tour. A neuf heures et demie la bataille était engagée contre le 2ᵉ et le 6ᵉ corps, alors que, sur la demande de M. le maréchal Le Bœuf, pour donner aux 3ᵉ et 4ᵉ corps le temps de nous rejoindre, l'armée entière n'avait pu reprendre encore sa marche sur Verdun. Vers midi, les Allemands dessinèrent vigoureusement l'attaque, et je dus faire donner la Garde. Enveloppé durant ce mouvement dans une charge de hussards de Brunswick, je fus séparé de mon état-major, qui me fit défaut pendant plusieurs heures. Plus tard, à partir de deux heures, les 3ᵉ et 4ᵉ corps (1ʳᵉ, 2ᵉ et 4ᵉ divisions du 3ᵉ corps, et 1ʳᵉ et 2ᵉ divisions du 4ᵉ corps) arrivèrent successivement et se portèrent en ligne sur la droite. Un drapeau prussien resta entre nos mains.

Le combat fut acharné contre un ennemi qui, à chaque instant, devenait de plus en plus nombreux. La bataille ne cessa qu'avec le jour. L'armée française, à force de ténacité, conserva ses positions, sur lesquelles elle coucha; mais ses pertes étaient énormes : 16,954 hommes tués, blessés ou disparus, parmi lesquels 6 généraux ; les généraux de division Legrand tué, Bataille blessé ; les généraux de brigade Brayer et Marguenat tués, de Montaigu disparu, Letellier-Valazé blessé, et 831 officiers.

J'adressai, le soir même, la dépêche suivante à l'Empereur :

Le maréchal Bazaine à l'Empereur.

« Gravelotte, 16 août, 11 h. soir.

» Sire, ce matin, à neuf heures, l'ennemi a atta-
» qué la tête de nos campements, à Rezonville. Le
» combat a duré depuis ce matin jusqu'à huit
» heures du soir. Cette bataille a été acharnée ;
» nous sommes restés sur nos positions, après avoir
» éprouvé des pertes sensibles. La difficulté aujour-
» d'hui gît principalement dans la diminution de
» nos parcs de réserve, et nous aurions peine à sup-
» porter une journée comme celle d'aujourd'hui
» avec ce qui nous reste dans nos caissons. D'un
» autre côté, les vivres sont aussi rares que les mu-
» nitions, et je suis obligé de me reporter sur la
» route de Vigneulles à Lessy, pour me ravitailler.
» Les blessés ont été évacués ce soir sur Metz. Il
» est probable, selon les nouvelles que j'aurai de la
» concentration des armées des Princes, que je me

» verrai obligé de prendre la route de Verdun par
» le nord.

» *P. S.* La concentration des 3ᵉ et 4ᵉ corps
» n'était pas complète quand l'attaque a commencé.
» Ce n'est que dans l'après-midi que le maréchal
» Le Bœuf et le général de Ladmirault ont pu
» arriver sur le terrain d'action, en opérant par
» mes ordres un mouvement tournant sur la gauche
» de l'ennemi, qui a été obligé de se replier sur
» sa droite [1]. »

La bataille de Rezonville, 16 août, qui nous avait été imposée par suite des circonstances que j'ai relatées, mit l'armée dans l'impossibilité de continuer sa retraite, le 17, dans de bonnes conditions tactiques.

Les Prussiens, en s'emparant de Mars-la-Tour,

---

[1] En réponse à la nouvelle que je lui adressais de la bataille de Rezonville, l'Empereur m'envoya la dépêche télégraphique ci-dessous. (*Note de l'auteur.*)

L'Empereur au maréchal Bazaine.

« 17 août, 9 h. soir.

» Je vous félicite de votre succès, je regrette de ne
» pas y avoir assisté. Remerciez en mon nom officiers,
» sous-officiers et soldats : la Patrie applaudit à leurs
» travaux.

» NAPOLÉON. »

dès le matin, avaient coupé la route sud de Verdun, que nous aurions été obligés de reconquérir par une nouvelle bataille, contre des masses beaucoup plus considérables que le 16 août; il en était de même pour la route qui passe par Conflans, très-voisine de la première. Restait la direction de Briey-Longuyon, dont j'ai signalé plus haut les inconvénients, et que je n'aurais pu prendre à ce moment, qu'à la condition d'exécuter devant l'ennemi des mouvements qui m'auraient obligé à lui tourner le dos.

D'ailleurs la troupe n'avait plus de vivres que pour la journée, il était indispensable et urgent de faire les distributions. Celles-ci n'avaient pu être faites que très-imparfaitement, le 14 août, avant le départ; les événements de la journée du 14, le retard qui s'ensuivit dans la marche des troupes, l'encombrement inévitable qui en résulta à la sortie de Metz, tout concourut à les rendre impossibles le 15. Enfin, les convois, obligés de cheminer sur la seule route carrossable qui mène de Metz à Gravelotte, n'avaient pas tous rejoint leurs corps d'armée le 16 au matin.

A toutes ces raisons venait s'ajouter la pénurie de munitions dans laquelle nous nous trouvions[1].

---

[1] Le soir de la bataille de Rezonville, vers dix

La consommation avait été énorme dans la journée du 16, surtout pour les deux corps d'armée (2ᵉ et 6ᵉ) engagés depuis le commencement de la bataille, ainsi que la réserve générale d'artillerie. Le grand parc n'était pas à l'armée, et la totalité des ressources qui restaient, ressources fournies principalement par les 3ᵉ et 4ᵉ corps, engagés seulement dans le courant de la journée, et dont deux divisions n'avaient pas donné, à cause des distances à parcourir, ne pouvait procurer à tous un approvisionnement de combat.

Dans tous les cas, après douze heures de lutte, au milieu du désordre dans lequel se trouvaient les divisions des divers corps de l'armée, par suite de la façon dont elles avaient dû être engagées, en raison de l'étendue considérable de notre ligne de bataille, il eût été impossible, dans la nuit du 16 au 17, de répartir les munitions restantes d'une façon égale dans tous les corps.

Il fallait donc de toute nécessité me rapprocher

---

heures et demie, le chef d'état-major du général commandant l'artillerie de l'armée vint me rendre compte qu'il était urgent d'envoyer les caissons de réserve se réapprovisionner à Metz.

de Metz, où seulement je pouvais me ravitailler[1].

Le 17 août, l'armée vint occuper les fortes positions d'Amanvillers, qui s'étendent depuis Rozerieulles jusqu'à ce point : le 6ᵉ corps en avant, à Vernéville. Dans le courant de la journée, sur les

---

[1] *Le maréchal Bazaine à l'Empereur, au camp de Châlons.*

« Metz, 17 août.

» J'ai eu l'honneur d'écrire à Votre Majesté hier
» soir pour l'informer de la bataille soutenue, de neuf
» heures du matin à neuf heures du soir, contre l'ar-
» mée prussienne, qui nous attaquait dans nos posi-
» tions de Doncourt à Vionville. L'ennemi a été re-
» poussé et nous avons passé la nuit sur les positions
» conquises. La grande consommation qui a été faite
» de munitions d'artillerie et d'infanterie, la seule
» journée de vivres qui restait aux hommes, m'ont
» obligé à me rapprocher de Metz, pour réapprovi-
» sionner le plus vite possible nos parcs et nos convois.

» J'ai établi l'armée du Rhin sur les positions com-
» prises entre Saint-Privat-la-Montagne et Rozerieulles.
» Je pense pouvoir me remettre en marche après-de-
» main, en prenant une direction plus au nord, de
» façon à venir déboucher sur la gauche de la position
» d'Haudiomont, dans le cas où l'ennemi l'occuperait
» en forces pour nous barrer la route de Verdun et
» pour éviter les combats inutiles qui retardent notre

observations du commandant du 6ᵉ corps, j'autorisai M. le maréchal Canrobert à quitter Vernéville pour se replier plus à droite, à Saint-Privat-la-Montagne.

Ma pensée, en établissant l'armée du Rhin sur

» marche. — Le chemin de fer des Ardennes est tou-
» jours libre jusqu'à Metz, ce qui indique que l'ennemi
» a pour objectif Châlons et Paris. On parle toujours
» de la jonction des armées des deux princes. Nous
» avons devant nous le prince Frédéric-Charles et le
» général Steinmetz. »

*Le maréchal Bazaine à l'Empereur,
au ministre de la guerre.*

« Metz, 17 août.

» J'ai l'honneur de confirmer à l'Empereur ma
» dépêche télégraphique, en date de ce jour, et de
» joindre à cette lettre copie de celle que j'ai adressée
» à Votre Majesté hier au soir, à onze heures.

» On dit aujourd'hui que le roi de Prusse serait à
» Pange ou au château d'Aubigny, qu'il est suivi d'une
» armée de 100,000 hommes, et qu'en outre des
» troupes nombreuses ont été vues sur la route de
» Verdun et à Monts-sur-les-Côtes. Ce qui pourrait
» donner une certaine vraisemblance à cette nouvelle
» de l'arrivée du roi de Prusse, c'est qu'en ce moment,
» où j'ai l'honneur d'écrire à Votre Majesté, les Prus-

les positions de Rozerieulles à Amanvillers, donnant les ordres les plus précis pour que ces lignes soient très-solidement fortifiées, était d'y attendre l'ennemi. Les combats précédents m'avaient montré qu'une, peut-être deux batailles défensives, dans

---

» siens dirigent une attaque sérieuse sur le fort de
» Queuleu. Ils auraient établi des batteries à Magny,
» à Mercy-le-Haut et au bois de Pouilly. Dans ce mo-
» ment le tir est même assez vif.

» Quant à nous, les corps sont peu riches en vivres.
» Je vais tâcher d'en faire venir par la ligne des Ar-
» dennes, qui est encore libre. M. le général Soleille,
» que j'ai envoyé dans la place, me rend compte
» qu'elle est peu approvisionnée en munitions et
» qu'elle ne peut nous donner que 800,000 cartou-
» ches, ce qui pour nos soldats est l'affaire d'une
» journée. Il y a également un petit nombre de coups
» pour pièces de 4, et enfin il ajoute que l'établisse-
» ment pyrotechnique n'a pas les moyens nécessaires
» pour confectionner des cartouches. M. le général
» Soleille a dû demander à Paris ce qui est indispen-
» sable pour remonter l'outillage; mais cela arrivera-
» t-il à temps? Les régiments du corps du général
» Frossard n'ont plus d'ustensiles de campement et
» ne peuvent faire cuire leurs aliments. Nous allons
» faire tous nos efforts pour reconstituer nos approvi-
» sionnements de toutes sortes, afin de reprendre

des positions que je considérais comme inexpugnables, useraient les forces de mon adversaire, en lui faisant éprouver des pertes très-considérables, qui, répétées coup sur coup, l'affaibliraient assez

» notre marche dans deux jours, si cela est possible.
» Je prendrai la route de Briey; nous ne perdrons pas
» de temps, à moins que de nouveaux combats ne dé-
» jouent mes combinaisons.

» J'adresse à Votre Majesté la traduction d'un ordre
» de combat trouvé sur un colonel prussien tué à la
» bataille du 16.

» Je mettrai Votre Majesté au courant des mouve-
» ments de l'ennemi dans cette journée.

» J'y joins une note de M. le général Soleille, com-
» mandant de l'artillerie de l'armée, qui indique le
» peu de ressources qu'offre la place de Metz pour le
» ravitaillement en munitions d'artillerie et d'infan-
» terie. »

Le maréchal Canrobert au maréchal Bazaine.

« Vernéville, 17 août.

» Un dragon, qui m'a rencontré au moment où
» j'allais tracer le bivouac de mon corps d'armée, m'a
» dit qu'il était envoyé vers les commandants de corps
» d'armée pour les prévenir qu'ils devaient se tenir
» prêts à recevoir et à exécuter l'ordre de reprendre
» aujourd'hui les positions si glorieusement conservées
» hier par l'armée du Rhin. Je suis prêt à exécuter cet

pour l'obliger à me livrer passage sans pouvoir s'y opposer sérieusement.

En me maintenant sur le plateau, à bonne portée de la place de Metz pour le ravitaillement, je me réservais toutes facilités pour m'engager dans la direction de Briey, par où je chercherais à gagner la Meuse. Je pensais pouvoir entreprendre cette nouvelle opération le 19 ou le 20.

» ordre. Je demande avec instance à Votre Excellence
» de ne pas oublier que je n'ai plus de cartouches,
» plus de munitions d'artillerie; qu'en dehors de la
» viande, que je fais acheter sur place, je n'ai plus
» d'approvisionnements. Je la prie de me faire expé-
» dier tout ce qui me manque, le plus tôt possible.
» Nous ferons bien sans cela, nous ferions mieux si
» nous étions bien approvisionnés. Comme détail, un
» habitant de Vaux me signale le retour dans ce vil-
» lage de blessés et de fuyards se dirigeant sur No-
» véant pour passer la Moselle. Deux prisonniers, que
» l'on m'amène et que je fais interroger, annoncent
» des pertes énormes dans l'armée prussienne. D'un
» autre côté, des renseignements me disent que l'ar-
» mée ennemie est restée en position à Vionville com-
» pacte et résolue; on ajoute que ce sont des Bavarois
» qui occupent cette localité.

» *Le maréchal de France commandant le 6ᵉ corps,*
» *Signé :* Canrobert. »

DÉFENSE DES LIGNES D'AMANVILLERS
18 Août

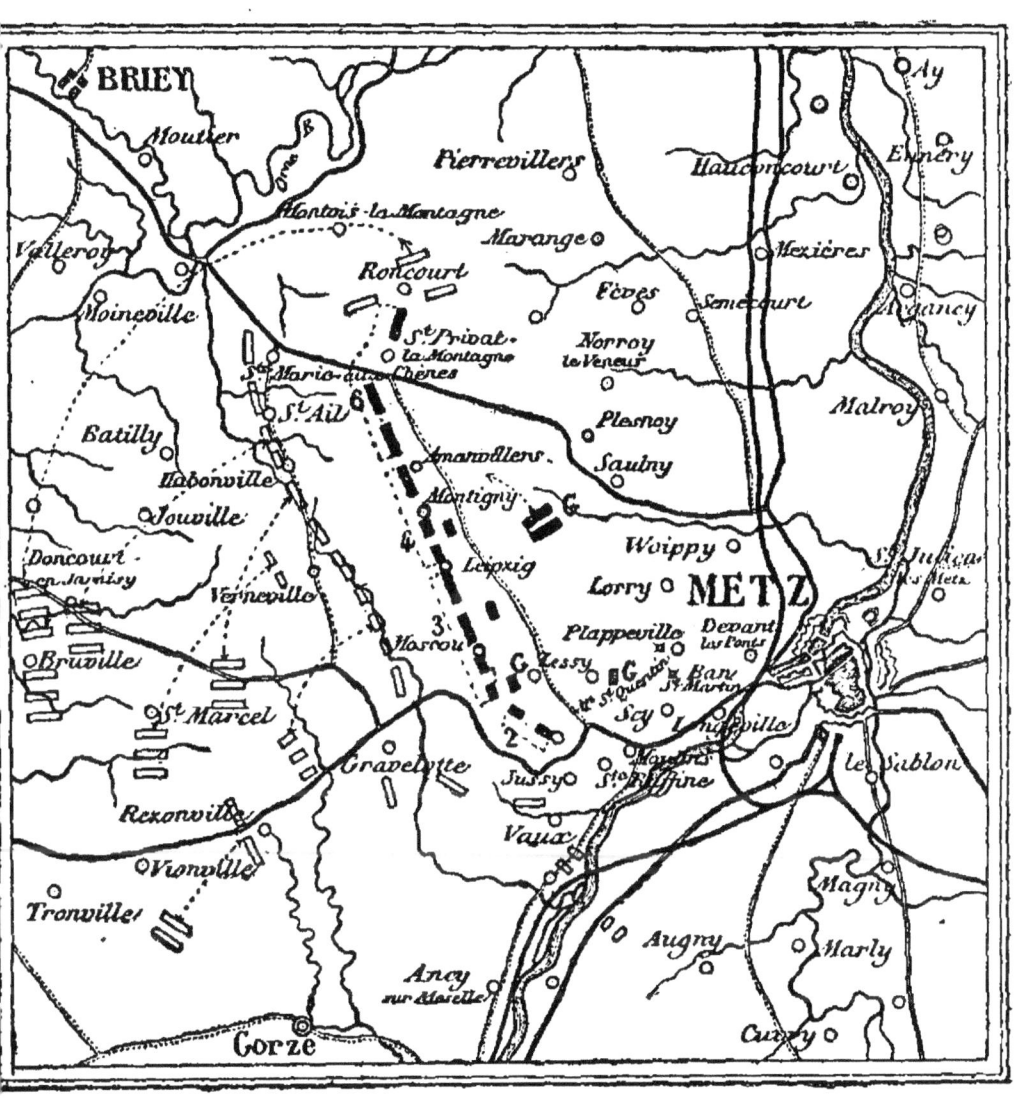

Gravé chez Erhard

▆▆	Français	2ᵉ Corps		2
▭	Allemands	3ᵉ ...id....	aux	3
⌧	Forts	4ᵉ ...id....	positions	4
—	Chemins de fer	6ᵉ ...id....	indiquées	6
=	Routes	Garde........		G

Quant à la route de Thionville, qui chemine dans la vallée de la Moselle, non-seulement elle me présentait le danger d'être canonné par les deux rives, l'ennemi ayant laissé au moins un corps d'armée sur la rive droite, mais encore elle m'écartait considérablement de l'objectif convenu, le camp de Châlons.

La journée du 17 fut employée à s'établir dans les nouvelles positions, à concentrer et à coordonner les corps. En même temps, l'armée renouvelait ses munitions à Metz, où malheureusement, ce que je n'appris qu'alors, les approvisionnements étaient très-peu considérables. Les vivres aussi étaient rares, et cette situation me parut tellement grave, que je fis partir M. l'intendant de Préval pour presser les convois de subsistances, ainsi que mon aide de camp, le commandant Magnan, chargé d'exposer l'état des choses à l'Empereur.

Le 18 août, vers dix heures du matin, je fus prévenu que l'ennemi apparaissait en grand nombre, sans être pourtant agressif; je n'en réitérai pas moins mes ordres de précautions défensives[1]. C'est

---

[1] *Le maréchal Bazaine au maréchal Canrobert, à Saint-Privat-la-Montagne.*

« Metz, 18 août, 10 h. matin.

» M. le maréchal Le Bœuf m'informe que des forces

dans l'après-midi seulement que je sus que nous étions attaqués sur toute la ligne. Je me rendis sur le plateau de Saint-Quentin, où, tout en me rapprochant du champ de bataille, je restais à portée du télégraphe (fort de Plappeville) par lequel m'arrivaient les renseignements de l'observatoire établi sur le clocher très-élevé de la cathédrale de Metz. J'étais aussi à la meilleure place pour sur-

---

» ennemies, qui paraissent considérables, semblent
» marcher vers lui; mais à l'instant où je vous écris,
» il m'envoie l'extrait ci-joint du rapport de ses recon-
» naissances. Quoi qu'il en soit, installez-vous le plus
» solidement possible sur vos positions, reliez-vous
» avec la droite du 4° corps; que les troupes soient
» campées sur deux lignes et sur un front le plus res-
» treint possible. Vous ferez également bien de faire
» reconnaître les routes qui de Marange viennent dé-
» boucher sur votre extrême droite, et je prescris à
» M. le général de Ladmirault d'en faire autant par
» rapport au village de Norroy-le-Veneur. Si, par cas,
» l'ennemi, se prolongeant sur notre front, semblait
» vouloir attaquer sérieusement Saint-Privat-la-Mon-
» tagne, prenez toutes les dispositions de défense né-
» cessaires pour y tenir et permettre à l'aile droite de
» faire un changement de front, afin d'occuper les
» positions en arrière, si c'était nécessaire, positions
» qu'on est en train de reconnaître. Je ne voudrais pas

veiller la vallée en amont. L'ennemi ayant laissé un corps d'armée sur la rive droite, je craignais un mouvement tournant le long de la Moselle, sur notre aile gauche. On apercevait, en effet, de fortes masses ennemies qui traversaient le pont d'Ars-sur-Moselle et s'engageaient sur la route de la rive gauche, semblant se diriger vers Metz. Je devais prendre les précautions les plus complètes pour

» y être forcé par l'ennemi, et si ce mouvement s'exé-
» cute, ce ne sera que pour rendre les ravitaillements
» plus faciles et donner une plus grande quantité
» d'eau aux animaux, et permettre aux hommes de
» se laver. Votre position nouvelle doit vous rendre
» vos ravitaillements plus faciles, par la route de
» Woippy. Profitez du moment de calme pour de-
» mander et faire venir tout ce qui vous est nécessaire.
» J'apprends que la viande a été refusée hier soir,
» parce qu'elle était trop avancée. Nous n'en sommes
» pas aux économies, et l'intendant aurait bien pu
» faire abattre de façon à donner de la viande fraîche.
» Je vous envoie la brigade Bruchard, qui sera pro-
» visoirement détachée du 3ᵉ corps, jusqu'à ce que la
» division de cavalerie qui vous est destinée soit re-
» constituée. Je pense que votre commandant d'artil-
» lerie a reçu les munitions nécessaires pour compléter
» vos parcs. »

parer à un événement qui, en nous coupant de la place, eût gravement compromis notre situation, surtout alors que notre ravitaillement n'était pas terminé. Les forts de Metz, inachevés et à peine armés, étaient hors d'état de rendre quelque service sérieux, si bien que ce fut avec des batteries prises dans la réserve générale qu'il me fallut couvrir la vallée. Une opération semblable était nécessaire, en avant et à droite du fort de Plappeville, afin de commander la route de Sainte-Marie-aux-Chênes à Woippy (route de Briey), débouché du plateau dans la vallée de la Moselle, à notre aile droite.

J'envoyai le régiment d'artillerie à cheval de la Garde et deux batteries de 12, de la réserve générale, au 6e corps. Une brigade des voltigeurs de la Garde (brigade Brincourt) appuya la division Aymar (4e du 3e corps), tandis que la deuxième brigade de cette division de la Garde occupait en arrière les abords du col de Lessy. Enfin la division de grenadiers de la Garde partit à trois heures sous les ordres du général Bourbaki lui-même, ayant pour instructions de se mettre à la disposition de M. le maréchal Canrobert, tout en ne s'engageant pas à la légère, et de veiller sur sa droite.

Les rapports que j'avais reçus durant la journée n'étaient pas inquiétants, et c'est sous leur impression que, répondant à une dépêche de l'Empereur[1], je lui écrivis :

Le maréchal Bazaine à l'Empereur.

« Metz, 18 août, 7 h. 50 soir.

» J'ignore l'importance des approvisionnements
» de Verdun, je crois qu'il est nécessaire de n'y
» laisser que ce dont j'aurai besoin, si je parviens
» à gagner la place. J'arrive du plateau, l'attaque a
» été très-vive; en ce moment, sept heures, le feu
» cesse. Nos troupes sont constamment restées sur
» leurs positions. Un régiment, le 60e, a beaucoup
» souffert en défendant la ferme de Saint-Hubert. »
(Dépêche télégraphique.)

Cependant, à la nuit, un effort suprême de l'ennemi sur Saint-Privat-la-Montagne, joint à un mouvement tournant tenté sur notre droite, rendit la position intenable. Le 6e corps, malgré la bravoure et le dévouement de son chef, M. le maréchal Canrobert, dut évacuer ce point.

---

[1] *L'Empereur au maréchal Bazaine.*

« Camp de Châlons, 18 août, 5 h. 25 m. soir.

» Faut-il laisser à Verdun le grand approvisionne-
» ment qui y est? (Dépêche télégraphique.)

» NAPOLÉON. »

L'action fut des plus meurtrières pour l'ennemi, qui nous attaqua avec des forces très-supérieures et une artillerie formidable : 250,000 hommes au moins et 650 pièces de canon, lorsque nous ne pouvions mettre en ligne que 100,000 hommes et environ 450 bouches à feu, puisque j'avais été obligé d'employer partie de la réserve générale d'artillerie, ainsi que je l'ai indiqué plus haut, et que le réapprovisionnement n'était pas terminé.

Nos pertes dans la journée du 18 août, dite défense des lignes d'Amanvillers, se montèrent à 12,273 hommes, dont les généraux de Golberg, Henry, Bellecourt, Colin, Pradier, blessés, Plombin, disparu, et 589 officiers.

Je rendis compte de cette journée à l'Empereur par la dépêche suivante :

Le maréchal Bazaine à l'Empereur.

« Metz, Ban-Saint-Martin, 19 août.

» L'armée s'est battue hier toute la journée sur
» les positions de Saint-Privat-la-Montagne à Ro-
» zerieulles, et les a conservées. Les 4° et 6° corps
» ont fait, vers neuf heures du soir, un changement
» de front, l'aile droite en arrière, pour parer à un
» mouvement tournant par la droite, que des mas-
» ses ennemies tentaient d'opérer à l'aide de l'obs-

» curité. Ce matin j'ai fait descendre de leurs posi-
» tions les 2⁰ et 3⁰ corps, et l'armée est de nouveau
» groupée sur la rive gauche de la Moselle, de Lon-
» geville à Sansonnet, formant une ligne courbe,
» passant derrière les forts de Saint-Quentin et de
» Plappeville. Les troupes sont fatiguées de ces
» combats incessants, qui ne leur permettent pas
» les soins matériels, et il est indispensable de les
» laisser reposer deux ou trois jours. Le roi de
» Prusse était ce matin à Rezonville avec M. de
» Moltke, et tout indique que l'armée prussienne
» va tâter la place de Metz. Je compte toujours
» prendre la direction du Nord et me rabattre en-
» suite par Montmédy, sur la route de Sainte-Me-
» nehould à Châlons, si elle n'est pas fortement oc-
» cupée; dans le cas contraire, je continuerai sur
» Sedan et même Mézières pour gagner Châlons. Il
» y a dans la place de Metz 700 prisonniers qui
» deviendraient un embarras pour la place en cas
» de siége; je vais proposer un échange à M. le gé-
» néral de Moltke pour pareil nombre d'officiers et
» soldats français. »

Le 19 août, toute l'armée dut suivre le mouvement prononcé la veille au soir par le 6⁰ corps, et se replia entre la place et les forts de Saint-Quentin et de Plappeville, emmenant avec elle comme trophée deux pièces de canon prussiennes.

Nous étions investis. (*Voir la carte n° 3.*)

Après une succession aussi rapprochée de si rudes combats, il ne fallait plus penser à une reprise immédiate de l'offensive.

Je consultai les commandants de corps d'armée, qui me signalèrent la situation générale suivante[1] :

Les armes complètes et en bon état;

Nombreuses pertes de sacs et d'effets de campement, particulièrement dans le 2⁰ corps, qui en avait abandonné une notable partie, le 6 août, à Spickeren;

État sanitaire bon. (Nous avions plus de 16,000 blessés dans la ville.) Le dernier convoi, d'environ 2,000 blessés, qui put être évacué par le chemin de fer, passa sous le couvert du drapeau de la société de Genève, le 18 août;

État moral bon, malgré les pertes énormes subies depuis le commencement de la campagne :

---

[1] Pour ne pas couper le fil de ce récit, je suis, à mon grand regret, obligé de renvoyer aux Pièces justificatives (*Voir la note* B.) les rapports qui me furent adressés sur la situation générale par les chefs des corps d'armée. J'invite le lecteur à en prendre connaissance, s'il veut se faire une idée juste et vraie de la position dans laquelle nous nous trouvions. (*Note de l'auteur.*)

35,092 hommes. Le manque de cadres se faisait surtout sentir ; nous comptions déjà en effet 19 généraux et 1877 officiers tués, blessés ou disparus.

Une dépêche du maréchal de Mac-Mahon, que j'avais reçue le 18 août, me disait :

Le maréchal de Mac-Mahon au maréchal Bazaine.

« Camp de Châlons, 18 août, 8 h. 30 m. matin ;
expédiée à 11 h. matin.

» Demain soir toutes les troupes sous mes ordres
» seront réorganisées. Failly est à Vitry-le-Fran-
» çois ; Margueritte, avec une division, à Sainte-
» Menehould. Si l'armée du Prince Royal arrive
» en forces sur moi, je prendrai position entre
» Épernay et Reims, de manière à me rallier à vous
» ou à marcher sur Paris, si les circonstances me
» forcent à le faire. » (Dépêche télégraphique.)

Je lui répondis le même jour.

*Le maréchal Bazaine au maréchal de Mac-Mahon,
au camp de Châlons.*

« Metz, 18 août, 2 h. soir.

» Par suite des combats successifs que j'ai livrés,
» le 14 et le 16, ma marche sur Verdun a été ar-
» rêtée, et je suis obligé de séjourner dans la partie
» nord de Metz pour me ravitailler en munitions
» surtout et en vivres.

» Depuis ce matin l'ennemi montre de fortes
» masses, qui paraissent se diriger sur Briey, et
» peuvent avoir l'intention d'attaquer le maréchal
» Canrobert, qui occupe Saint-Privat-la-Montagne,
» se reliant par sa gauche avec Amanvillers, point
» d'appui de la droite du 4e corps. Nous sommes
» donc de nouveau sur la défensive, jusqu'à ce que
» je sache la véritable direction des troupes qui sont
» devant nous, et surtout celle de l'armée de ré-
» serve, que l'on dit être à Pange, rive droite de
» la Moselle, sous les ordres du Roi, dont le quar-
» tier général serait au château d'Aubigny.

» Transmettez cette dépêche à l'Empereur et au
» ministre de la guerre. Je crains pour la voie fer-
» rée des Ardennes. » (Dépêche télégraphique.)

Le 20 août, nouvelle dépêche au maréchal de Mac-Mahon :

Le maréchal Bazaine au maréchal de Mac-Mahon.

« Metz, 20 août.

» J'ai dû prendre position près de Metz pour
» donner du repos aux soldats et les ravitailler en
» vivres et en munitions. L'ennemi grossit toujours
» autour de moi, et je suivrai très-probablement
» pour vous rejoindre la ligne des places du Nord,
» et vous préviendrai de ma marche, si toutefois je

» puis l'entreprendre sans compromettre l'armée. »

Malheureusement je ne pouvais plus me servir du télégraphe, coupé dès le 19 au soir, et j'ignore quand le maréchal reçut ma dépêche, laquelle n'était du reste que la répétition de celle que j'avais adressée la veille télégraphiquement à l'Empereur, avec plus de détails.

A la même date, j'écrivis à l'Empereur :

Le maréchal Bazaine à l'Empereur.

« Metz, 20 août, 8 h. soir.

» Mes troupes occupent toujours les mêmes posi-
» tions. L'ennemi paraît établir des batteries qui
» doivent servir à appuyer son investissement ; il
» reçoit constamment des renforts. Le général Mar-
» guenat a été tué, le 16 ; nous avons dans la place
» plus de 16,000 blessés. »

Le 21 août, j'adressai au ministre de la guerre la dépêche suivante :

Le maréchal Bazaine au ministre de la guerre,
à Paris.

« Metz, 21 août, 11 h. 30 matin (par Verdun).

» J'ai reçu toutes vos dépêches jusqu'au 19 in-
» clusivement. Je ne puis communiquer que diffi-
» cilement et par piétons isolés avec Thionville et

» Verdun. Vous avez dû recevoir une dépêche;
» j'en ai adressé une à l'Empereur, une au maré-
» chal de Mac-Mahon. L'état sanitaire de l'armée
» est satisfaisant, l'état moral laisse moins à désirer.
» En ce moment, onze heures, de grosses masses
» prussiennes tiennent la crête des bois de Saulny
» et de Lorry, à petites distances de nos positions;
» d'autres masses occupent les hauteurs boisées, au
» nord et au nord-est de Saulny, de l'autre côté de
» la route de Briey à Metz. Il y a également du
» monde devant les 4e et 6e corps, de l'autre côté
» de Woippy. »

Le 22 août, j'informai de nouveau l'Empereur des progrès que faisait l'ennemi dans son investissement[1]; les ponts sur l'Orne avaient été coupés,

---

[1] *Le maréchal Bazaine à l'Empereur.*

« Metz, 22 août.

» Il n'y a rien de changé dans la situation. L'en-
» nemi continue à nous investir, il élève des batteries,
» coupe les routes et intercepte toutes nos communi-
» cations. Nous poussons les travaux des forts et leur
» armement. Nos positions sont elles-mêmes protégées
» par de nombreux ouvrages que j'ai fait exécuter et
» que l'on consolide chaque jour. On porte l'effectif de
» l'armée ennemie à 350,000 hommes. » . . . .

ainsi que le chemin de fer de Thionville, et, le 23, je lui confirmai mon projet de chercher un passage par les places du Nord[1].

Enfin, je dois encore citer la dépêche suivante de M. le maréchal de Mac-Mahon :

---

[1] *Le maréchal Bazaine à l'Empereur.*

« Metz, 23 août.

» Les derniers renseignements indiquent un mou-
» vement du gros des forces ennemies, et il ne reste-
» rait, à cheval sur les deux rives de la Moselle, que
» les armées du prince Frédéric-Charles et du géné-
» ral Steinmetz. Des témoins oculaires affirment avoir
» vu des équipages de ponts entre Ars et Gravelotte.
» Si les nouvelles ci-dessus se confirment, je pourrai
» entreprendre la marche que j'avais indiquée précé-
» demment par les forteresses du Nord, afin de ne rien
» compromettre. Nos batteries ont été réorganisées et
» réapprovisionnées, ainsi que l'infanterie. L'arme-
» ment de la place de Metz est presque complet et j'y
» laisserai deux divisions, car les travaux de Saint-Ju-
» lien et de Queuleu sont loin d'être terminés. L'état
» moral et sanitaire des troupes laisse moins à dési-
» rer. Nos pertes ont été si considérables dans ces
» derniers combats, que les cadres sont très-affaiblis ;
» j'y pourvoirai autant que possible. »

Le maréchal de Mac-Mahon au maréchal Bazaine.

« Camp de Châlons, 19 août, 3 h. 35 m. soir ; partie
le 20 août, 11 h. 35 m. matin.

» Si, comme je le crois, vous êtes forcé de battre
» en retraite très-prochainement, je ne sais, à la
» distance où je suis de vous, comment vous venir
» en aide sans découvrir Paris. Si vous en jugez
» autrement, faites-le-moi savoir. »

Mes souvenirs ne me permettent pas de préciser la date du jour où je reçus cette dépêche (22 ou 23 août).

Malgré tous nos efforts cependant, nous ne pûmes compléter nos coffres pour batteries de 4 [1].

Par contre, nous trouvâmes, le 24 août, une ressource inattendue ; dans les magasins du chemin de fer, on découvrit quatre millions de cartouches expédiées par un des derniers trains venus de

---

[1] *Le maréchal Bazaine à l'Empereur.*

« Metz, 25 août.

(Même dépêche que le 23 août, et de plus :). . . .
» Pour dégager la place de Metz, j'ai échangé les
» blessés prussiens contre les nôtres, et j'ai renvoyé
» 800 prisonniers contre pareil nombre des nôtres.
» Les forces ennemies ne sont pas modifiées depuis
» ma dernière dépêche. Malgré toutes les recherches
» possibles et en utilisant tout, nous n'avons pu com-
» pléter tous les coffres de batteries pour canons de 4. »

Thionville, et dont l'arrivée n'avait été signalée par aucune pièce d'envoi.

Bien qu'il m'eût été impossible jusqu'alors de reformer les cadres, je sentais trop la nécessité d'agir pour ne pas chercher, au moins par une diversion, à favoriser la marche vers nous que M. le maréchal de Mac-Mahon m'avait fait pressentir par sa dépêche du 18 août.

En conséquence, je prescrivis à toute l'armée de passer, le 26 au matin, sur la rive droite de la Moselle, et je déployai les troupes en avant du fort Saint-Julien. Mon but était d'attirer les forces ennemies sur cette rive, et, si le combat nous était favorable, d'en profiter pour tenir la campagne vers Thionville.

Une tempête épouvantable arrêta tout mouvement. L'ennemi, retranché derrière ses positions, ne semblait pas disposé à accepter le combat, que nous aurions du reste entrepris dans des conditions trop défavorables, obligés que nous étions de nous porter en avant sur un terrain gras et rapidement détrempé, sous une pluie tellement épaisse, que l'on ne pouvait voir devant soi.

Je réunis ce jour-là, dans le château de Grimont, tous les chefs de corps d'armée et les commandants des armes spéciales en une conférence, dont voici le compte rendu.

COMPTE RENDU

DE LA CONFÉRENCE DU 26 AOUT 1870.

« Avant de prendre un parti décisif et d'arrêter,
» soit un mouvement offensif à travers les lignes
» prussiennes, soit la prolongation du séjour de
» l'armée sous les murs de Metz, le maréchal com-
» mandant en chef l'armée du Rhin ordonna un
» grand mouvement de concentration de toutes les
» troupes sur la rive droite de la Moselle. Il prit
» position entre les forts de Saint-Julien et de
» Queuleu, face à l'est et au nord-est, sa gauche
» appuyée à la Moselle, sa droite à la Seille, une
» seule division sur la droite, le gros des forces sur
» la gauche, engagé sur les routes du nord-est.

» Cette manœuvre avait pour but de faire sup-
» poser à l'ennemi que l'on voulait tenter un effort
» sur la route de Thionville et l'obliger ainsi à mon-
» trer de ce côté les forces qu'il avait en position.

» Le mauvais temps surprit l'armée en pleine
» manœuvre et déjoua en partie les projets du maré-
» chal. L'ennemi, réfugié probablement dans les
» bois et dans les villages, ne montra que peu de
» troupes ; les tirailleurs, lancés très en avant, ne
» parvinrent pas à le faire sortir de ses positions.
» Un ouragan survint et fut suivi d'une pluie dilu-

» vienne. Il était certain dès lors que l'ennemi
» n'accepterait pas le combat qu'on lui offrait, la
» journée étant avancée (quatre heures) : les troupes
» furent rappelées de leurs positions avancées.

» Les 4e et 6e corps, la Garde impériale repri-
» rent leurs cantonnements primitifs; le 3e corps
» couvrit le terrain compris entre la Seille et la
» Moselle, avec les forts de Saint-Julien et de Queu-
» leu pour appuis; le 2e corps s'établit, la droite à
» la Moselle, à hauteur de Longeville, la gauche à
» la Seille, le centre en avant de Montigny et de
» Saint-Privat. Chacun de ces corps dut se relier
» aux corps voisins avec le plus grand soin.

» La situation de l'armée, à la date du 26 août,
» était satisfaisante au point de vue sanitaire; le
» moral des troupes était des moins éprouvés. Les
» approvisionnements en vivres et en munitions,
» principalement en projectiles d'artillerie, préoc-
» cupaient seuls le général en chef et jetaient de
» l'indécision dans son esprit.

» Il se décida à réunir les commandants des corps
» d'armée et les commandants d'armes, afin de leur
» exposer la situation et de leur demander leur avis.

» L'occasion se présentait naturellement au mo-
» ment où toute l'armée était réunie sur les pla-
» teaux, en avant de Metz, sur la rive droite. Les
» commandants des 2e, 3e, 4e et 6e corps, le com-

» mandant en chef de la Garde impériale, le général
» commandant l'artillerie de l'armée, le comman-
» dant supérieur de la place de Metz, furent appelés
» au château de Grimont, où ils se trouvèrent réu-
» nis à deux heures de l'après-midi.

» En quelques mots, le maréchal commandant
» en chef exposa la situation sans émettre d'avis
» concluant, et donna la parole au général Soleille. »

*Opinion du général Soleille, commandant
l'artillerie de l'armée.*

« La première chose qui frappe l'imagination
» dans la situation actuelle, c'est l'analogie qui
» existe entre cette situation et celle de l'armée
» en 1814. A cette époque, en effet, l'armée alliée
» avait déjà dépassé Verdun et marchait sur Paris,
» comme le fait aujourd'hui l'armée allemande.
» L'empereur Napoléon Ier eut la pensée de réunir
» les garnisons des places du Nord et de se jeter sur
» la frontière, sur les communications de l'ennemi,
» pendant que l'armée envahissante irait se heurter
» contre les travaux de défense qu'il avait ordonné
» d'exécuter autour de Paris ; mais Paris n'était
» point fortifié, le plan de l'Empereur ne put être
» réalisé.

» Aujourd'hui, l'ensemble de ce plan d'opéra-

» tions est très-exécutable. Paris est pourvu d'une
» double enceinte de forts et de fronts bastionnés,
» et la présence de l'armée du Rhin à la frontière,
» on peut le dire, précisément à la portée des com-
» munications de l'armée prussienne, doit singu-
» lièrement inquiéter l'ennemi.

» L'armée du Rhin a donc un rôle immense à
» jouer, et ce rôle, militaire aujourd'hui, peut
» devenir et deviendra certainement politique.
» Metz, en effet, est non-seulement une grande
» place de guerre, mais aussi et surtout la capitale
» de la Lorraine. En admettant une série de revers
» pour nos armes et l'obligation pour le gouverne-
» ment de traiter avec la Prusse, la possession de
» Metz, la présence de l'armée dans le camp retran-
» ché que nous occupons, pèseraient d'un poids
» immense dans les décisions à intervenir et sauve-
» garderaient vraisemblablement à la France la pos-
» session de la Lorraine. Il ne faut pas se dissimuler,
» en outre, que l'armée du Rhin n'a de munitions
» que pour une bataille et qu'il est impossible de la
» réapprovisionner avec les ressources de la place.
» Risquer un combat pour percer les lignes enne-
» mies et entreprendre une marche pour rallier
» Paris, ou tout autre point, ce serait s'exposer à
» user des munitions, à se trouver désarmé au
» milieu des armées prussiennes, qui s'acharne-

» raient après nous comme une meute de chiens
» après un cerf, et à compromettre le sort de l'ar-
» mée. En restant, au contraire, dans les lignes
» que nous occupons, nous maintenons l'armée
» intacte avec tous ses moyens d'action, nous me-
» naçons constamment les communications de l'ar-
» mée ennemie, qui peut éprouver un échec et se
» trouver obligée à battre en retraite et à se replier
» sur sa ligne d'opérations.

» Nous pouvons changer en désastre un mouve-
» ment rétrograde des Prussiens, et nous conser-
» vons au pays une garantie puissante, dans tous
» les cas.

» L'armée ne restera pas inactive pour cela ; elle
» pourra faire de fréquentes pointes sur le péri-
» mètre des lignes ennemies, qui n'a pas moins de
» cinquante kilomètres ; elle frappera des coups
» sensibles, inquiétera l'ennemi, et pourra même
» bouleverser ses travaux, couper ses convois et
» intercepter ses lignes de communication. Ces
» mouvements entretiendront son moral, la tien-
» dront en haleine et seront même favorables à
» l'état sanitaire. »

Opinion du général Frossard, commandant le 2ᵉ corps.

« Le général Frossard est absolument du même

» avis que le général Soleille. Il ajoute que l'armée
» du Rhin, par suite des événements accomplis, et
» il ne voudrait pas étendre cette opinion à l'armée
» entière, est bien plus propre à la défensive qu'à
» l'offensive. Il règne dans cette armée une sorte
» d'épuisement, pour ne pas dire de décourage-
» ment, qu'il est aisé de reconnaître. Si l'on se met
» en marche, on ne pourra plus compter sur elle
» après un premier combat, fût-il heureux. Si la
» chance des armes était défavorable, il serait im-
» possible de la maintenir ; ce serait une armée
» dissoute, et le prestige qui l'entoure encore s'éva-
» nouirait complétement ; ce serait une déroute,
» dont les conséquences seraient incalculables.

» Comme contre-partie, le général Frossard ex-
» pose que l'armée prussienne étant en retraite, le
» caractère propre au soldat français se manifeste-
» rait d'une façon entraînante et changerait, sans
» conteste, en désastre pour l'ennemi un mouve-
» ment rétrograde de sa part. »

Opinion du maréchal Canrobert, commandant le 6ᵉ corps de l'armée.

« S. Exc. le maréchal Canrobert se range exacte-
» ment à l'avis émis par le général Soleille et le
» général Frossard, en ce qui concerne la nécessité

» de ne pas compromettre l'armée par un mouve-
» ment offensif; mais il y met une restriction. Le
» moral de l'armée ne sera maintenu, l'armée ne
» vivra même moralement, qu'à la condition de ne
» point rester inerte.

» Frappons des coups de tous côtés, donnons
» des coups de griffes partout et incessamment.

» Sortir de Metz pour s'allonger dans l'intérieur
» du pays, avec des colonnes immenses de bagages,
» d'ambulances, d'artillerie, que nous traînerions à
» notre suite, et sur une seule ligne, est chose im-
» possible.

» La conclusion est : qu'il faut rentrer sous
» Metz, frapper l'ennemi, le frapper partout, et si
» l'on se décide à partir, laisser les *impedimenta*. »

Opinion du général de Ladmirault, commandant le 4ᵉ corps de l'armée.

« Il est impossible d'entreprendre une affaire de
» longue haleine, car à la première on serait usé,
» faute de munitions. »

Opinion du maréchal Le Bœuf, commandant le 3ᵉ corps de l'armée.

« Le maréchal expose d'abord, en termes très-
» vifs, qu'il n'est point responsable de la situation

» faite à l'armée du Rhin. Il a supporté jusqu'à ce
» jour le poids des accusations lancées contre son
» administration ; mais il déclare qu'il n'a été ni
» consulté, ni écouté, lorsqu'il disait qu'un camp
» retranché comme Metz était fait uniquement
» pour permettre de constituer, à son abri, une
» armée prête aux exigences d'une situation que
» pouvait créer l'initiative de l'ennemi. On ne l'a
» point consulté, on ne l'a point écouté, et la dis-
» sémination de l'armée sur la frontière n'est point
» son œuvre. Il voulait la concentrer au début de
» la campagne, au lieu de la déployer, comme elle
» l'a été, sur la frontière. Conserver l'armée intacte
» est le grand et le meilleur service que l'on puisse
» rendre au pays ; mais comment le faire sans
» vivres ? »

Opinion du général Bourbaki, commandant en chef de la Garde impériale.

« Mon désir le plus vif, dit le général, eût été
» de faire un trou par Château-Salins et de nous
» donner de l'air ; mais si nous n'avons pas de mu-
» nitions, il est clair que nous ne pouvons rien
» faire. »

Opinion du général Coffinières[1].

« Le général Coffinières partage l'avis du général
» Soleille, et déclare que la place de Metz et les forts
» ne sont pas encore dans un état de défense suffi-
» sant pour supporter une attaque régulière pen-
» dant plus de quinze jours; que l'armée doit
» rentrer sous Metz. Il indique les lignes qu'elle
» doit occuper sur les deux rives de la Moselle et
» les travaux qu'elle doit exécuter pour y être soli-
» dement établie.

» Une discussion s'élève alors, et il en ressort
» que l'armée du Rhin a énormément de cavalerie,
» et que cette cavalerie ne donne que de très-
» médiocres résultats; elle va même devenir une
» gêne pour la place, vu le peu de ressources dont
» on dispose en fourrages. La valeur des chefs qui
» la commandent est appréciée, celle des troupes
» qui la composent est également jugée.

» La question des compagnies de partisans est
» posée par le général en chef, et il est unanimement
» reconnu qu'elles doivent former la base de tous

---

[1] Le général Coffinières de Nordeck, après avoir été nommé commandant du génie de l'armée du Rhin, avait été appelé au poste de commandant supérieur de la place de Metz. (*Note de l'auteur.*)

» les mouvements d'attaque. Il faut les employer
» pour agir conjointement avec la cavalerie, les pla-
» cer dans des conditions autres et sous des chefs
» choisis, les utiliser contre les avant-postes, les
» lignes de convois et les communications de l'en-
» nemi. »

L'armée devait donc rester sous Metz, parce que sa présence maintenant devant elle plus de 200,000 ennemis, elle donnait le temps à la France d'organiser la résistance, aux armées en formation de se constituer, et parce qu'en cas de retraite des Prussiens, elle les harcèlerait, si elle ne pouvait leur infliger de défaite décisive.

Quant à la place de Metz elle-même, son commandant supérieur déclarait qu'elle ne pouvait tenir plus de quinze jours sans la protection d'une armée. Les forts, en effet, se trouvaient dans un état des moins satisfaisants. Le 19 août, date de l'investissement, leurs gorges ouvertes, leur maçonnerie inachevée, leurs talus profondément ravinés par les pluies, leur armement insignifiant, les mettaient dans l'impossibilité de résister à une attaque. C'est le 15 septembre seulement que cet état de choses se trouva totalement modifié, grâce aux travaux de l'armée. A cette époque, 357 pièces de divers calibres, approvisionnées chacune à deux cents coups, couronnèrent les remparts[1]; encore faut-il remarquer que le système de défense n'était pas complet. Le fort de Saint-Privat, entre Seille et Moselle, n'était que dessiné et laissait par conséquent découvertes les approches du corps de place, par Montigny, les forts de Saint-Quentin et de Queuleu ne pouvant croiser leurs feux. Le fort de Saint-Quentin n'existait que par son réduit; les

---

[1] *Le général Coffinières au maréchal Bazaine.*

« Metz, 15 septembre.

» Les forts de Metz sont nos meilleurs appuis et
» méritent notre constante sollicitude. En ce moment,
» ils sont devenus très-respectables et leur armement
» est formidable :

» Queuleu a. . . . . 105 pièces.
» Saint-Julien a. . . . . 67 pièces.
» Plappeville a. . . . . . 74 pièces.
» Saint-Quentin a. . . . 44 pièces.
» Belle-Croix a. . . . . . 67 pièces.

» Total. . . . . 357 pièces.

» Toutes ces pièces sont approvisionnées, à peu près,
» à 200 coups. Le matériel est donc satisfaisant; mais
» le personnel en officiers est restreint. . . . .

» *Le commandant supérieur de Metz,*

» *Signé :* COFFINIÈRES. »

redoutes des Bordes, du Goupillon et de Saint-Éloi n'existaient pas[1].

Mais tandis que les ouvrages augmentaient, les approvisionnements baissaient, et la question des vivres devenait de plus en plus inquiétante. Les autorités civiles et militaires de Metz n'avaient pas pris de dispositions, quand il en eût été temps encore, pour faire rentrer dans l'enceinte de la place toutes les ressources en vivres et en fourrages des cantons voisins, et accroître ainsi les approvisionnements, en prévision d'un long blocus. Ces autorités n'avaient pas non plus fait sortir les bouches inutiles, ni les étrangers qui pouvaient être dan-

---

[1] La redoute des Bordes ou des Bottes, entre les forts de Saint-Julien et Queuleu, fut construite pendant le temps de l'investissement et à peu près terminée en octobre. Elle commandait la patte-d'oie des routes de Sarrebrück et de Sarrelouis. Les deux autres redoutes, du Goupillon et de Saint-Éloi, devaient couvrir les abords des routes de Briey et de Thionville, les grands forts de Plappeville et de Saint-Julien n'ayant pas de vues rapprochées sur ces routes. Le fort de Saint-Quentin commandait aussi très-imparfaitement la route de Frouard et de Verdun, ce qui obligea à établir une batterie de position sur un point plus rapproché de la Moselle, afin de battre la route en avant de Longeville. (*Note de l'auteur.*)

gereux par suite de leur nationalité. Au contraire, la ville donna l'hospitalité à un nombre considérable de gens de la campagne, qui y vinrent chercher un refuge, dès l'entrée des armées allemandes en Lorraine, ce qui augmenta le nombre des habitants de près de la moitié du chiffre ordinaire. Les sages dispositions prescrites par les règlements militaires avaient été négligées, pour ne pas inquiéter la population.

Je ne pouvais pas non plus alors songer à diriger mes efforts du côté des Vosges, car je devais persister à tendre vers l'armée du maréchal de Mac-Mahon et vers les places du Nord, où j'aurais trouvé les approvisionnements envoyés si tardivement à Metz, qu'ils n'avaient pu parvenir à destination, et qu'ils étaient restés dans ces places, particulièrement à Longwy.

Craignant enfin une nouvelle crue des eaux, accident qui se produit très-rapidement dans une rivière aussi torrentueuse que la Moselle, je fis prendre à l'armée, dès le 26 août au soir, les positions qu'elle conserva dès lors sur les deux rives, et qui sont indiquées au commencement du compte rendu de la conférence du 26 août.

J'informai en même temps le ministre de la guerre de notre situation précaire par la dépêche suivante :

Le maréchal Bazaine au ministre de la guerre.

« Metz, 26 août.

» Toujours sous Metz avec munitions d'artillerie
» pour un combat seulement. Impossible de forcer
» les lignes ennemies dans ces conditions, derrière
» ses positions retranchées. Aucune nouvelle de
» Paris, ni d'esprit national ; urgence d'en avoir.
» Agirai efficacement, si mouvement offensif à l'in-
» térieur force l'ennemi à battre en retraite. »

Les journées des 27 et 28 août se passèrent, comme les précédentes, sans nouvelles ; mais le 29 je reçus une dépêche du commandant de Thionville :

« Général Ducrot commande corps Mac-Mahon;
» il doit se trouver, aujourd'hui 27, à Stenay, gau-
» che de l'armée. Général Douai à la droite sur la
» Meuse. Se tenir prêt à marcher au premier coup
» de canon [1].

» *Signé* : TURNIER. »

---

[1] Cette dépêche m'a été apportée par un agent de police de Thionville, que je fis repartir le jour même à quatre heures. Je demandai au colonel Turnier de nouveaux renseignements. Quelques heures plus tard, à sept heures, j'envoyai un nouvel émissaire à Thionville avec la dépêche suivante :

Le 30, à onze heures du matin, par la voie de Verdun, me parvint une dépêche de l'Empereur, rapportée par un de mes émissaires :

L'Empereur à maréchal Bazaine.

« Reçu votre dépêche du 19 dernier, à Reims.
» Me porte dans la direction de Montmédy, serai
» après-demain sur l'Aisne, d'où j'agirai selon les
» circonstances pour vous venir en aide. »

Cette dernière dépêche, sans date, doit m'avoir été expédiée le 22 ou le 23 août. (Voir aux Pièces justificatives, note F, page 304.) Bien qu'antérieure à celle du commandant de Thionville, elle confirmait en quelque sorte cette dernière, et j'étais autorisé à penser que l'armée de Châlons, ayant continué sa marche vers moi depuis le 27, se trouvait probablement, le 30, à une vingtaine de lieues de Metz, peut-être à quinze.

Dans ces nouvelles conditions, les raisons qui

Le maréchal Bazaine au commandant de place de Thionville.

« Metz, Ban-Saint-Martin, 29 août, 7 h. soir.
» J'ai reçu votre dépêche. Par quelle voie vous sont
» parvenues les nouvelles qu'elle contient ? »

Je n'ai reçu aucune réponse à cette dépêche. (*Note de l'auteur.*)

me retenaient autour de la place disparaissaient. Je devais admettre maintenant que je pouvais m'écarter de Metz sans rien compromettre, et que, bien loin de là, n'ayant pas à m'éloigner de beaucoup pour rencontrer une armée de secours, je serais toujours en mesure, avant quinze jours, pour couvrir la place avec de nouveaux moyens, sinon pour tenter de la ravitailler et peut-être de la délivrer.

En conséquence, le 31 au matin, reprenant le plan du 26 août, et indiquant comme objectif la prise du plateau de Sainte-Barbe, je déployai l'armée en avant des forts de Queuleu et de Saint-Julien. Mes instructions sommaires étaient :

Instructions sommaires pour l'attaque du 31 août.

« Le 3ᵉ corps cherchera à aborder la position de
» Sainte-Barbe par la gauche (château de Chanly),
» et prendra position à la côte 319 du bois de
» Chanly et à Avancy (270). Le 4ᵉ corps abordera
» la position de Sainte-Barbe par la droite (Villers
» l'Orme, Frilly et Vremy), et fera son possible
» pour aller prendre position à Saucy-lez-Vigy. Le
» 6ᵉ corps abordera les positions en avant de
» Chieulles, Charly, Malroy, et se portera sur
» Antilly, où il prendra position, appuyant sa

» gauche sur Argency. Le 2ᵉ corps suivra la mar-
» che du 3ᵉ, en veillant sur la droite, et est placé
» sous les ordres du maréchal Le Bœuf. La Garde
» en réserve. »

J'avais le projet, en cas de réussite, de gagner Thionville, par Bettelainville et Redange, avec les 3ᵉ, 4ᵉ et 6ᵉ corps, faisant filer la Garde et le 2ᵉ corps par la route de Malroy, tout en gardant pied sur la rive gauche au besoin. De la sorte, j'évitais le passage de l'Orne, affluent de gauche de la Moselle.

En prenant Sainte-Barbe pour objectif, je laissais l'armée prussienne dans le doute sur mes projets; remonterais-je au nord, ou chercherais-je à couper ses communications?

Comme je tenais à attirer l'ennemi sur la rive droite, je ne devais pas entamer l'action de trop bonne heure; je voulais, au contraire, donner à l'adversaire le temps d'engager une partie de ses troupes de la rive gauche sur la rive droite. Le gros des forces prussiennes une fois sur la rive droite, l'armée de la Meuse avait toutes facilités pour approcher; d'un autre côté, je n'avais plus à craindre, dans ma marche sur Thionville, une attaque de flanc par les troupes d'investissement de la rive gauche, qui sans cela pouvaient descendre la Moselle parallèlement à moi, et peut-être me gagner de vitesse avec des forces suffisantes pour

BATAILLE DE Sᵗᵉ BARBE
31 Août et 1ᵉʳ Septembre

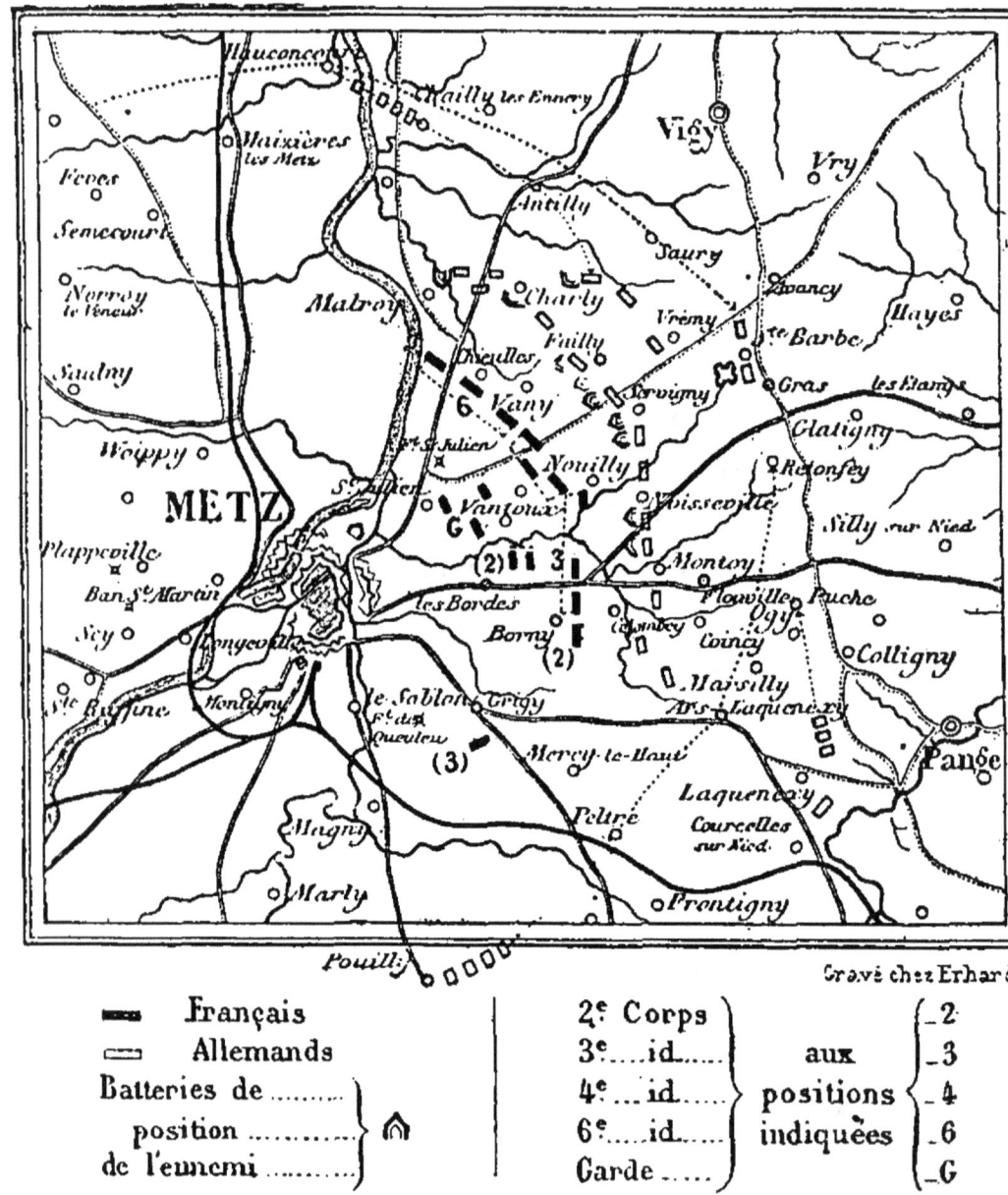

m'inquiéter sérieusement. Enfin, j'évitais la route qui suit le fond de la vallée, dominée par des hauteurs qui étaient au pouvoir de l'armée allemande sur les deux rives.

Comme les gardes forestiers et les douaniers s'étaient réfugiés à Metz, j'avais distribué un certain nombre de ces braves gens dans les divers corps d'armée pour servir de guides.

Vers deux heures et demie je donnai le signal de l'attaque. La lenteur et l'indécision apportées dans les mouvements d'exécution furent cause qu'elle ne se prononça que vers quatre heures, malgré mes ordres réitérés.

Le combat fut heureux ; bien que nous n'ayons pu atteindre jusqu'à Sainte-Barbe, nous nous emparâmes cependant de Servigny. Mais pendant la nuit les troupes qui occupaient ce village furent obligées de se replier par suite d'un retour de l'ennemi en nombre très-supérieur [1].

---

[1] *Le maréchal Le Bœuf au maréchal Bazaine.*

« Metz, Saint-Julien, 2 septembre.

» Vous recevrez demain un rapport sur la part prise
» par le 3ᵉ corps aux combats du 31 août et du 1ᵉʳ sep-
» tembre.

» Je me borne aujourd'hui à vous donner les rensei-
» gnements demandés par votre dépêche n° 370, sur

Le 1ᵉʳ septembre, dès le jour, le combat recommença, par un brouillard très-intense qui nous gêna beaucoup. Nous ne pûmes reprendre la position conquise, puis abandonnée, la veille.

A neuf heures, j'envoyai l'ordre à tous les com-

» les incidents qui se sont produits à Servigny, dans la
» soirée du 31. La division Aymar était destinée à
» appuyer l'attaque par la droite de la position, confiée
» au 4ᵉ corps, la division Metman attaquant par la
» gauche, dès que la prise de Noisseville aurait permis
» de se placer à la gauche de ce dernier village, qui
» enfilait l'artillerie ennemie, et la força en effet à se
» retirer sur Sainte-Barbe. L'opération conduite dans
» ces conditions réussit bien. Le 20ᵉ bataillon de chas-
» seurs du 4ᵉ corps s'établit d'abord, m'a-t-on dit, dans
» les premières maisons de Servigny. Informé par un
» officier du général de Ladmirault qu'il avait peine à
» s'y tenir, j'ordonnai au général Aymar d'attaquer
» vigoureusement, en se substituant, s'il était néces-
» saire, aux troupes du 4ᵉ corps qui pouvaient être ra-
» menées. Le général Aymar lança aussitôt deux com-
» pagnies de partisans, appuyées par le 11ᵉ bataillon
» de chasseurs et deux compagnies du 7ᵉ de ligne (divi-
» sion Metman), qui, ayant donné trop à gauche, se
» rallièrent au 11ᵉ bataillon de chasseurs. La position,
» qui venait d'être abandonnée, me dit-on, par le 20ᵉ
» bataillon de chasseurs, fut reprise avec beaucoup

mandants de corps d'armée de tenir, coûte que coûte, sur leurs positions, et je préparai avec la Garde et dix régiments de cavalerie une attaque décisive sur Sainte-Barbe. Vers dix heures, au moment où j'allais ordonner le mouvement, je re-

---

» d'entrain par les troupes du général Aymar, qui les
» établit en réserve, près du village, à la place du 7°
» de ligne (division Metman), sur la droite. Le 7° de
» ligne était arrivé sur le plateau peu de temps après
» que les troupes du général Aymar avaient enlevé
» Servigny. Le général Aymar prit le commandement
» et s'occupa de rallier les divers corps qui, obligés de
» franchir deux ravins et deux croupes garnies d'arbres
» et de vignes, se trouvaient un peu en désordre. Mal-
» heureusement le village avait été enlevé de nuit, et
» le général Aymar eut beaucoup de peine à y rétablir
» l'ordre. Il était environ huit heures du soir. Une
» maison crénelée tenait encore et le général Aymar
» s'occupait d'en faire enfoncer les portes, lorsque,
» vers dix heures du soir, l'ennemi, sorti de Poix et de
» Sainte-Barbe, prononça un mouvement offensif sur
» les deux flancs de la division Aymar. Le 85° tint bon
» pendant quelque temps ; il n'en fut pas de même du
» 44°, qui lâcha pied, en désordre, et entraîna l'éva-
» cuation du village. Toutefois le général Aymar par-
» vint à arrêter le mouvement rétrograde sur le bord
» du plateau, à 300 mètres du village, et ses tirailleurs

çus l'avis suivant, au crayon, de M. le maréchal Le Bœuf :

« 1ᵉʳ septembre, 9 h. 45 m. matin.

» La division Bastoul[1] ayant battu en retraite,
» il y a une heure, contrairement à mes ordres,
» mon flanc droit est entièrement découvert. Je
» suis enveloppé de feux et de colonnes d'attaque,
» de front et de flanc; après avoir tenu jusqu'au

» se fusillèrent toute la nuit avec l'ennemi embusqué
» dans le village. Le général Aymar devait attaquer de
» nouveau dès la pointe du jour; mais l'ennemi s'était
» rétabli en forces à Servigny, l'artillerie surtout y était
» plus nombreuse que la veille, et c'est alors que je
» vous fis demander que la division Lorencez appuyât
» la division Aymar. Au jour, le retour offensif parut
» impossible.

» *Signé :* Maréchal LE BOEUF. »

[1] La 2ᵉ division du 2ᵉ corps était commandée, par intérim, par le général Fauvart-Bastoul, le général Bataille, son divisionnaire, n'étant pas encore rétabli de ses blessures. Le 3ᵉ corps ne comptait plus que trois divisions, sa 2ᵉ, commandée par le général de Castagny, ayant été laissée en avant et à gauche du fort de Queuleu pour surveiller notre extrême droite. Cette division devait entrer à Metz et en renforcer la garnison au cas de la réussite de mon projet. (*Note de l'auteur.*)

» dernier moment, je me vois forcé de battre en
» retraite.

» *Signé* : LE BOEUF[1]. »

---

[1] Le lendemain cependant, sur ma demande d'explications, je recevais du général Frossard la lettre suivante :

Le général Frossard au maréchal Bazaine.

« Metz, Montigny, le 2 septembre.

» Conformément aux ordres que vous m'avez trans-
» mis, le général Bastoul va se rendre à votre quartier
» général pour vous donner les explications que vous
» désirez avoir sur ce qui s'est passé hier.

» Il y a une exagération énorme dans ce qui vous a
» été dit ; le mouvement de 500 à 600 mètres en
» arrière, que le général Bastoul a fait, en très-bon
» ordre d'ailleurs, et lentement, n'a pu avoir les con-
» séquences graves que vous supposez. Ce qu'il a fait
» n'est pas une retraite, c'est un simple changement
» de position, et il ne l'a exécuté qu'après avoir vu sur
» sa gauche les troupes de la division Montaudon, du
» 3ᵉ corps, se retirer précipitamment. En tous cas, il a
» repris sa position presque immédiatement et il n'a
» pas eu la moindre difficulté à le faire. La division
» Bastoul avait été, d'après vos instructions, mise par
» moi à la disposition de M. le maréchal Le Bœuf, qui
» lui a donné ses ordres directs pendant toute l'action,

Une batterie allemande de cinquante pièces écrasait notre aile droite; celle-ci avait dû céder devant un feu aussi violent, qui vint chercher ses victimes jusque dans l'état-major du commandant du 3ᵉ corps. C'est alors, en effet, que le maréchal Le Bœuf, établi sur l'un des points les plus dangereux, vit tomber à ses côtés son chef d'état-major, le général Manèque, et plusieurs de ses officiers.

Le mouvement de retraite de l'aile droite se propagea rapidement aux autres corps de l'armée. L'opération générale, d'offensive qu'elle aurait dû être, devint défensive, et les troupes furent contraintes de reprendre leurs anciennes positions sur les deux rives, afin d'éviter d'être acculées en grande agglomération jusqu'au glacis de la place, d'autant que déjà les projectiles de l'ennemi fouillaient les terrains en arrière des forts, et arrivaient jusqu'au blanc d'eau de la Seille. (*V. la carte n° 4.*)

La bataille de Sainte-Barbe nous coûta 3,547 hommes, dont 4 généraux : les généraux Montaudon, Osmont, Lafaille, blessés, Manèque, mort des suites de sa blessure, et 142 officiers.

» et cet officier général n'a contrevenu en quoi que ce » soit aux ordres du maréchal.

» *Le général commandant le 2ᵉ corps,*

» *Signé :* FROSSARD. »

Je prévins l'Empereur et le ministre de la guerre de notre insuccès par la dépêche suivante, qui fut expédiée de nouveau le 3, puis le 7 septembre :

Le maréchal Bazaine à l'Empereur.

« Metz, 1er septembre.

» Après une tentative de vive force, qui nous a
» amenés à un combat qui a duré deux jours dans
» les environs de Sainte-Barbe, nous sommes de
» nouveau dans le camp retranché de Metz, avec
» peu de ressources en munitions d'artillerie de
» campagne, ni viande, ni biscuit, mais du blé
» pour cinq semaines ; enfin un état sanitaire qui
» n'est pas parfait : la place est encombrée de bles-
» sés. Malgré de nombreux combats, le moral de
» l'armée reste bon. Je continue à faire des efforts
» pour sortir de la situation dans laquelle nous
» sommes ; mais l'ennemi est très-nombreux autour
» de nous. Le général Decaen est mort. Blessés et
» malades, 18,000. »

J'ai toujours ignoré si cette dépêche est jamais parvenue au ministre, car depuis cette époque je n'ai reçu aucune communication du gouvernement ni de ses agents.

Je tentai souvent de communiquer avec l'intérieur de la France ; un certain nombre de mes émissaires ne parvinrent pas à passer, d'autres au contraire réussirent. C'est ainsi que la dépêche que j'envoyai, les 15 et 25 septembre, au ministre de la guerre par plusieurs soldats de bonne volonté, fût remise par l'un d'eux, un dragon, au commandant de place de Montmédy, qui se chargea de la faire parvenir. Ce brave cavalier, après de nombreuses péripéties, revint à Metz le 29 octobre au matin. La même lettre fut remise au représentant de la France à Bruxelles par la femme d'un musicien d'un des régiments de l'armée du Rhin, qui, elle aussi, réussit à traverser les lignes prussiennes.

M. Tachard transmit la dépêche au gouvernement, par le télégraphe [1].

---

[1] *Lettre de madame Antermet au maréchal Bazaine, à Cassel.*

« Bruxelles, 23 novembre.

» Vous m'excuserez de la liberté que je prends, en
» vous adressant la présente : mais ayant été à votre
» service, ainsi que mon mari, pour porter les dépê-
» ches que vous m'aviez confiées, ne sachant ce qu'est
» devenu mon mari, je me suis échappée de Metz et
» me suis empressée de venir remettre ma dépêche
» à M. le ministre de France à Bruxelles, qui l'a

Enfin, ma dépêche au ministre de la guerre, en date du 21 octobre, fut portée par six personnes différentes, dont MM. de Valcourt et Wojtkiewitch, deux interprètes, qui arrivèrent jusqu'à Tours.

» immédiatement transmise par le télégraphe, en
» France.

» M. le maréchal ayant été bien malade. . . .

» *Signé :* H. Antermet. »

SEPTEMBRE

Dans la situation qui nous était faite par l'investissement, le 19 août, la question des vivres était l'objet de mes préoccupations. Au début de la campagne, les fournisseurs s'étant déclarés hors d'état de remplir les clauses de leurs soumissions, il avait fallu, pour faire vivre l'armée, prendre les ressources du pays, notamment en bestiaux, ce qui avait de suite appauvri les campagnes environnantes. M. l'intendant en chef de l'armée, l'intendant général Wolff, dut quitter Metz, vers le 11 ou le 12 août, pour s'occuper d'accélérer l'exécution des nouveaux marchés qui avaient été conclus. Le 17 août, j'envoyai à M. l'intendant de Préval pour presser les arrivages. Ni l'un ni l'autre de ces deux chefs de service ne purent revenir, et la rapidité des événements rendit nul pour l'armée du Rhin l'effet de leurs efforts[1].

---

[1] Il est utile de remarquer que, d'après nos règlements, chaque corps d'armée s'administre séparément. Chacun de ces corps eut donc plus ou moins à sup-

Les approvisionnements de blé étaient plus considérables que ceux de viande; nous en avions environ pour cinq semaines. C'était peu; aussi dus-je réduire la ration de pain successivement à 500 grammes vers le 15 septembre, à 300 grammes le 8 octobre, enfin à 250 grammes le 10 octobre. Ce fut alors du pain fait avec la boulange, résultat de la première mouture, et produit contenant une quantité très-considérable de son. A partir du 18 octobre, il n'y eut plus de distribution régulière de pain[1].

Le biscuit manquait. On était parvenu à en faire une double ration, dans le courant de septembre, pour compléter la réserve que chaque homme doit avoir par devers lui. Le 18 octobre, le soldat avait encore la valeur de deux rations de biscuit dans son sac.

---

porter des privations, selon la vigilance et le zèle de son intendant, jusqu'au 9 octobre, jour où toutes les ressources de l'armée furent fondues ensemble. (*Note de l'auteur.*)

[1] Voir aux Pièces justificatives (note C) deux rapports du général Coffinières, le tableau de la situation des ressources, en date du 9 octobre, ainsi qu'une note de l'intendant général de l'armée du Rhin. (*Note de l'auteur.*)

Plus tard, le 27 et le 28 octobre, je pus faire distribuer du pain, lorsqu'il fut décidé que les ressources de la ville seraient confondues avec celles de l'armée.

Dès le 20 septembre, je dus réduire la ration de sel à la quantité illusoire de deux grammes et demi par homme et par jour. Une source d'eau salée, sortant des pentes du fort Bellecroix, fut d'abord exploitée pour en extraire le sel ; mais cette opération nécessitait une quantité de combustible trop considérable, et, de plus, le résultat n'était pas satisfaisant : il fallut y renoncer. Les corps envoyaient chercher l'eau de cette fontaine, seulement la ressource ne remédiait que très-médiocrement au mal.

Quant à la viande, dès le 7 septembre on dut distribuer du cheval, et, à partir du 18, la consommation se monta à 250 de ces animaux par jour, la ville y prenant part pour 50. En diminuant la ration de pain, je fis augmenter celle de viande jusqu'à 600 et 750 grammes ; mais cette substitution ne rétablissait pas l'équilibre. La viande de cheval, surtout lorsqu'on n'y peut ajouter ni légumes frais, ni assez de sel, est insipide et fatigue l'estomac. On essaya de faire des conserves de cheval, qui ne réussirent pas.

La nourriture des chevaux fut insuffisante dès la fin d'août, époque à laquelle on ne peut guère déjà distribuer que de l'avoine. Au commencement d'octobre, cette denrée fit défaut. Prairies, feuilles, écorces, sarments de vigne, tourteaux, betteraves, petit blé[1], tout fut employé pour faire vivre nos chevaux ; ces expédients s'épuisèrent bien vite. La pluie, tombant presque sans interruption, depuis le 8 ou le 9 octobre, sur des animaux exténués, ajouta ses effets morbides à ceux de la faim ; la mortalité augmenta dans une proportion très-considérable, et à la fin du blocus le cheval même allait nous manquer.

L'état sanitaire était compromis. Le typhus, la variole, la dyssenterie, le scorbut, se déclarèrent, faiblement, il est vrai, mais la fièvre d'hôpital emporta un assez grand nombre de blessés, et peu d'amputations ou d'opérations graves réussirent[2]. Les situations journalières des hôpitaux signalaient de 15 à 16,000 blessés et malades, auxquels il faut en ajouter environ 2,000 soignés chez l'habitant, et ceux des ambulances des corps. La moyenne des

---

[1] Le petit blé est la balayure de l'aire, qui contient encore quelques grains échappés au crible. (*Note de l'auteur.*)

[2] Voir aux Pièces justificatives (note D) les rapports du médecin en chef des hôpitaux de Metz et du médecin-chef de l'armée. (*Note de l'auteur.*)

entrées et des sorties aux hôpitaux donnait, dès le milieu de septembre, 350 entrées, 200 sorties, 70 morts, soit un accroissement de 70 malades par jour.

Je saisis cette occasion de rendre hommage à l'admirable dévouement des habitants de Metz pour nos blessés. Les dames de la ville rivalisèrent de zèle entre elles dans les ambulances, se prêtant aux soins les plus répugnants et se succédant sans relâche au chevet des malades.

Bientôt l'influence des pluies et des privations remplit les ambulances des corps, et je dois considérer comme une faveur de la Providence que, dans une pareille situation, les épidémies nous aient autant épargnés.

J'ajouterai à ce tableau un mot sur les munitions. Dès le 17 août, le général Soleille m'avait signalé l'état de dénûment dans lequel on se trouvait pour la fabrication des cartouches, l'établissement pyrotechnique ayant été transporté à Bourges depuis quelque temps. Il avait demandé à Paris le matériel nécessaire, mais les communications ayant été coupées le 19 août, rien ne put arriver. Il fallut tout fabriquer sur place et préparer le papier qui devait remplacer la soie. Cependant, à force de bonne volonté et d'activité, on put, dans le mois de septembre, créer une réserve de cartouches. La fabrication de la poudre et une fourniture de projectiles soumissionnée par un industriel de la ville, permit aussi de préparer des munitions pour les canons de campagne[1].

---

[1] *Fin du rapport adressé par le général Soleille au maréchal Bazaine, sur les modifications à introduire dans le matériel de l'artillerie de l'armée.*

. . . . . « Dans la prévision de la prolon-
» gation de la guerre, j'ai dû, Monsieur le maréchal,
» me préoccuper des moyens de fondre de nouvelles
» fusées et de nouveaux projectiles, d'augmenter la
» production de la poudrerie de Metz, en poudre à
» canon, et de fabriquer des cartouches d'infanterie.
» L'industriel le plus important du pays, M. Glavet,
» m'a adressé une soumission pour la fusion des pro-
» jectiles; l'industrie privée se chargerait aussi de la
» fabrication des fusées. Je fais procéder à la poudrerie
» de Metz à une fabrication non réglementaire, mais
» plus expéditive, de poudre à canon; enfin l'ancien
» directeur de la capsulerie de Paris, aujourd'hui pré-
» sent à l'armée, m'assure pouvoir fabriquer, dans
» une mesure restreinte, des capsules fulminantes et
» des cartouches simplement en papier.

» Ban-Saint-Martin, 6 septembre.

» *Le général de division commandant
l'artillerie de l'armée.*

» *Signé :* SOLEILLE. »

Le moment était arrivé où il fallait éviter les combats qui ne pouvaient pas promettre de résultats importants. Les cadres, dans lesquels je n'avais encore eu le temps d'introduire qu'un petit nombre d'officiers, avaient le plus pressant besoin d'être complétés. On sentait que le soldat n'avait plus la même confiance, la même solidité au feu ; l'artillerie ennemie produisant des ravages considérables, et sa supériorité sur la nôtre étant bien démontrée.

Nous apprîmes indirectement la bataille de Sedan et la capitulation qui s'ensuivit, par les hourras poussés dans les avant-postes de l'ennemi, puis par un médecin de la Société internationale de Genève, qui était revenu après avoir soigné des blessés allemands, enfin par des prisonniers échangés, que les Prussiens avaient eu soin de choisir parmi ceux qui arrivaient de l'armée de la Meuse.

La nouvelle de la révolution du 4 septembre nous parvint par un prisonnier qui avait réussi à s'échapper d'Ars-sur-Moselle.

Ému de bruits aussi graves, j'écrivis au commandant de l'armée d'investissement pour lui demander ce qu'il y avait de vrai dans ces rumeurs. Sa réponse me fut remise le 16 septembre ; elle ne me laissait aucun doute sur la gravité de la situation dans laquelle se trouvait la France. En confirmant le désastre de Sedan et les événements de

Paris, le prince Frédéric-Charles m'envoya un fragment de la *Patrie* qui contenait les noms des membres du gouvernement de la Défense nationale, plus quelques décrets rendus et signés par eux. Voici d'ailleurs la lettre du prince :

Le prince Frédéric-Charles au maréchal Bazaine.

« Quartier général, devant Metz,
le 16 septembre 1870.

» Je regrette de ne pouvoir répondre qu'en ce
» moment, par suite d'une excursion, à la lettre
» de Votre Excellence. Les renseignements que
» vous désirez avoir sur le développement des
» événements en France, je vous les communique
» volontiers, ainsi qu'il suit :

» Lorsque après la capitulation de l'armée du
» maréchal de Mac-Mahon, près de Sedan, S. M.
» l'Empereur Napoléon se fut rendu personnelle-
» ment à S. M. mon Seigneur et Roi, l'Empereur
» a déclaré ne pouvoir entrer en négociations poli-
» tiques, parce qu'il avait laissé la direction poli-
» tique de la Régence, à Paris.

» L'Empereur se rendit ensuite, comme prison-
» nier de guerre, en Prusse, et choisit le château
» de Wilhelmshöhe, près de Cassel, pour son
» séjour.

» Deux jours après la capitulation, survint,

» hélas! à Paris, un bouleversement, qui établit,
» sans répandre de sang, la République à la place
» de la Régence.

» Cette République ne prit pas son origine au
» Corps législatif, mais à l'Hôtel de ville, et n'est
» pas d'ailleurs reconnue partout en France. Les
» puissances monarchiques ne l'ont pas reconnue
» non plus.

» S. M. le Roi a continué sa marche, de Sedan à
» Paris, sans rencontrer de forces militaires fran-
» çaises devant elle.

» Nos armées sont arrivées aujourd'hui devant
» cette ville.

» Quant à la composition et aux tendances du
» nouveau gouvernement installé à Paris, l'extrait
» d'un journal ci-joint vous en donnera les détails.

» Du reste, Votre Excellence me trouvera prêt
» et autorisé à lui faire toutes communications
» qu'elle désirera.

» *Signé :* FRÉDÉRIC-CHARLES. » (Traduit.)

Je portai ces événements à la connaissance de l'armée du Rhin, qui en accueillit la confirmation avec une tristesse bien naturelle, par l'ordre du jour suivant :

« A l'armée du Rhin !

» D'après deux journaux français, du 7 et du
» 10 septembre, apportés au grand quartier général
» par un prisonnier français, qui a pu franchir les
» lignes ennemies, S. M. l'Empereur Napoléon III
» aurait été interné en Allemagne, après la bataille
» de Sedan, et l'Impératrice, ainsi que le Prince
» Impérial, ayant quitté Paris, un pouvoir exécu-
» tif, sous le nom de Gouvernement de la Défense
» nationale, s'est constitué à Paris. Les membres
» qui le composent sont :

(Suivent les noms.)

» Généraux, officiers, soldats de l'armée du
» Rhin, nos obligations envers la patrie en danger
» restent les mêmes. Continuons donc à la servir
» avec le même dévouement et la même énergie,
» en défendant son territoire contre l'étranger,
» l'ordre social contre les mauvaises passions.

» Je suis convaincu que votre moral, ainsi que
» vous en avez déjà donné tant de preuves, restera
» à la hauteur des circonstances, et que vous ajou-
» terez de nouveaux titres à la reconnaissance et à
» l'admiration de la France !

» Ban-Saint-Martin, 16 septembre 1870. »

Le 17 septembre, je réunis à mon quartier général les commandants des corps d'armée et tous les généraux de division, auxquels je donnai communication de la lettre du prince Frédéric-Charles et du morceau de journal qu'il m'avait envoyé, leur recommandant, de nouveau, de veiller au maintien de la discipline et d'entretenir chez le soldat les sentiments patriotiques et de dévouement qu'il doit toujours conserver.

Dès lors, je ne pouvais songer, moins que jamais, à entreprendre une attaque de vive force contre les lignes d'investissement, au risque de compromettre l'existence de la seule armée que la France possédât pour le moment; je le pouvais d'autant moins que, par suite de toutes ces douloureuses péripéties, je n'avais plus d'objectif déterminé. Dans la situation militaire où se trouvaient la France et l'armée du Rhin, c'eût été une coupable folie de tenter de s'ouvrir un passage par les armes à travers une aussi vaste étendue de territoire, si fortement occupée, si cruellement réquisitionnée, et dévastée systématiquement par l'ennemi.

L'armée du Rhin ne devait pourtant pas rester inactive et se laisser annuler. Dès le 25 août, j'avais constamment donné des instructions pour que chaque corps exécutât des opérations en avant de son front. L'exécution de ces opérations fournit matière à des observations, sans doute judicieuses, de la part de ceux qui en étaient chargés; mais elle ne répondit pas toujours à l'intention qui les avait dictées. Elles eurent lieu, en partie, après les pluies abondantes de septembre, particulièrement, le 22 sur Lauvallier, le 23 sur Vany et Chieulles, le 27 sur Mercy et Peltre et le château de Ladonchamps; par suite d'une fausse interprétation des ordres donnés, cette dernière position fut abandonnée. Ces sorties nous rapportèrent une certaine quantité de fourrage et de blé, sans toutefois accroître sensiblement nos approvisionnements. Leur résultat le plus réel, en outre de nos pertes (28 officiers et 635 sous-officiers et soldats), fut, hélas! d'attirer la vengeance de l'ennemi sur les villages où nous venions d'opérer, et les lueurs de l'incendie nous apprenaient, le soir, que l'armée allemande ne pardonnait pas même un rôle passif aux habitants.

D'un autre côté, les compagnies de partisans, formées dès la fin d'août dans les diverses divisions, harcelaient perpétuellement l'ennemi et l'obligeaient à conserver un gros effectif autour de nous. Par ce moyen j'avais des prisonniers, sur lesquels on trouvait des renseignements intéressants et des journaux allemands, nos seules sources de nouvelles, en même temps que celles apportées par les prisonniers échangés[1]. C'est par ce canal que nous connûmes d'abord la prise de Strasbourg.

Le 11 septembre, je cherchai à entrer en communication avec le commandant de place de Verdun ; je n'en eus aucune nouvelle.

Le 15, le 25 et quelques jours après, j'adressai au ministre de la guerre la dépêche suivante :

Le maréchal Bazaine au ministre de la guerre.

« Metz, 15 septembre 1870.

» Il est urgent pour l'armée de savoir ce qui se

---

[1] Le document suivant fut trouvé sur le corps d'un officier allemand, tué le 7 octobre, à l'affaire de Bellevue. J'acquis ainsi la preuve des intelligences constantes de l'ennemi avec l'intérieur de la place, malgré la plus stricte surveillance.

« Il résulte de nouvelles données par des Français » non militaires, qui ont été employés comme espions, » de renseignements fournis par des prisonniers, de » papiers enfermés dans des bouteilles qui sont entraî- » nées par la Moselle jusqu'à Argency, et enfin d'in- » formations tirées des lettres expédiées de Metz au » moyen de ballons, qu'on peut résumer comme il suit » ce qui concerne l'armée française au dedans et au » dehors de Metz. . . . . »

Suivent, en quantité, des renseignements pour la plupart exacts.

» passe à Paris et en France. Nous n'avons aucune
» communication avec l'extérieur, et les bruits les
» plus étranges sont répandus par des prisonniers
» que nous a rendus l'ennemi, qui en propage éga-
» lement de nature alarmante. Il est important pour
» moi de recevoir des instructions et des nouvelles.
» Nous sommes entourés par des forces considé-
» rables, que nous avons vainement essayé de per-
» cer après deux combats infructueux, le 31 août
» et le 1ᵉʳ septembre. »

J'ai dit plus haut que cette dépêche avait dû parvenir à la délégation du gouvernement.

Pour terminer ce qui est relatif à la période du mois de septembre, il me reste à parler de la démarche de M. Régnier.

Dans la soirée du 23 septembre, un homme portant les insignes de la Société de Genève se présenta aux avant-postes de la 1ʳᵉ division du 4ᵉ corps, à Moulins-lez-Metz; il demandait à être conduit à mon quartier général, parce qu'il avait à me parler, et me fut annoncé vers huit heures et demie du soir par l'officier d'état-major qui l'accompagnait, comme étant un courrier de l'Empereur. Une fois seul avec moi, ce personnage me déclara se nommer Régnier, être autorisé par M. de Bismarck à la démarche qu'il faisait, et venir, au nom de l'Impératrice, demander à M. le maréchal

Canrobert ou à M. le général Bourbaki de se rendre
auprès d'elle, en Angleterre. Il n'avait pas de
preuve écrite de sa mission, me montrant pour
toute créance une photographie de Hastings, où se
trouvait l'Impératrice, disait-il, et au dos de laquelle
le Prince Impérial avait apposé sa signature.

Malgré la singularité de cette démarche, je ne
crus pas devoir la repousser. Nous étions si complétement isolés du reste de la France, que je saisis cette occasion d'avoir des nouvelles certaines,
lors de la rentrée à Metz de celui des deux officiers généraux qui partirait peut-être; seulement,
comme il était tard, je répondis à M. Régnier
que s'il désirait avoir un entretien avec les deux
personnes qu'il me désignait, l'entrevue ne pourrait avoir lieu avant le lendemain.

En me quittant pour être reconduit aux avant-
postes, M. Régnier se prit à regretter qu'un traité
ne fût pas intervenu pour mettre fin à la guerre,
après les événements de Sedan.

« La présence et l'entretien des troupes alle-
» mandes sur le territoire étaient une ruine pour la
» France, me dit-il; un armistice était à désirer,
» comme point de départ de négociations de paix.
» L'armée du Rhin, la seule armée française encore
» debout, si elle avait sa liberté, offrirait des ga-
» ranties d'ordre général suffisantes aux gouverne-

» ments allemands, pour que ceux-ci pussent entrer
» en pourparlers; seulement il était à craindre que
» les Prussiens n'exigeassent en gage la remise de
» la place de Metz. »

Je répondis à ces réflexions : « que je jugeais la
» paix raisonnable; que l'armée du Rhin était cer-
» tainement en état de garantir le pays contre ses
» propres excès, et pourtant de faire respecter les
» décisions du gouvernement de la France; mais
» qu'elle ne saurait acquérir sa liberté qu'à la con-
» dition de sortir avec les honneurs de la guerre,
» c'est-à-dire avec armes et bagages, et dans des
» conditions morales qui lui permissent de conser-
» ver son autorité au milieu de la nation; qu'en
» tous cas, Metz était en dehors de la question,
» cette place de guerre ayant son gouverneur indé-
» pendant, car il avait reçu son mandat directement
» de l'Empereur. »

C'était là une simple conversation, à laquelle je
n'attachai qu'une importance secondaire, M. Régnier n'ayant aucune qualité officielle. Mais je sentais qu'après le désastre de Sedan, lorsqu'il ne restait plus à la France qu'une armée, impuissante à
la dégager de l'étreinte de l'ennemi, la paix serait
un immense avantage. Je voyais dans cette armée,
rendue au pays avant d'être désorganisée, le noyau
d'une puissance militaire que l'expérience de nos

récents revers saurait rendre promptement redoutable. En peu de temps, la France retrempée aurait été à même de prendre une éclatante revanche.

Voilà pourquoi je n'ai pas craint de répondre à M. Régnier.

Il revint le lendemain 24, dans la journée. Je le mis en relation avec M. le maréchal Canrobert, qui déclara ne pas accepter. Le général Bourbaki, informé par moi du refus du maréchal, se décida à partir.

L'entretien de chacun de ces deux officiers généraux avec M. Régnier eut lieu en tête-à-tête, et j'avais eu soin de les prévenir auparavant que ce soi-disant émissaire m'était inconnu, que je n'entendais peser en aucune façon sur leur détermination, que seulement je ne m'opposerais pas à leur voyage, dans l'intérêt de l'armée et du pays, puisque nous n'avions aucune nouvelle du gouvernement.

Au général Bourbaki, je ne donnai aucune mission écrite; mes seules recommandations verbales furent les suivantes :

« Exposer à l'Impératrice la situation morale et
» militaire de l'armée sous Metz, savoir dans quelle
» position politique et diplomatique se trouvait le
» gouvernement de la Régence, et, si ce gouverne-

» ment n'existait plus, demander à l'Impératrice de
» nous relever de notre serment. »

En outre, je donnai au général Bourbaki, qui
tenait à voir sa situation militaire régularisée, l'autorisation qui suit :

« Metz, 25 septembre 1870.

» L'Impératrice régente désirant avoir auprès
» d'elle M. le général Bourbaki, cet officier général
» est autorisé à se rendre auprès de Sa Majesté. »

Un certain nombre de médecins luxembourgeois, membres de la Société internationale de secours, étaient venus à Metz, au commencement de la guerre, apporter à nos blessés le concours de leurs soins. M. Régnier m'avait remis une lettre, apostillée par le Président du gouvernement du grand-duché, dans laquelle le Président du Comité central de secours dans cet État me priait instamment d'autoriser le retour des membres de sa société dans le Luxembourg [1].

---

[1] « Luxembourg, 20 septembre 1870..

» Le 16 août dernier, à la nouvelle des sanglants
» combats livrés autour de Metz, notre Comité a offert
» ses services à M. le préfet de la Moselle. Ces offres
» ayant été acceptées avec empressement, neuf méde-
» cins de notre pays, accompagnés de leurs aides et
» de quelques prêtres, munis d'une grande quantité

M. Régnier m'informa en même temps que le quartier général allemand ne s'opposerait pas au départ des médecins luxembourgeois.

» d'objets de pansement, se sont rendus le jour même
» à Metz et y ont été immédiatement installés dans les
» ambulances. Reçus de la manière la plus cordiale,
» ces messieurs cependant ont refusé les offres d'en-
» gagement, parce que notre Comité et ses membres
» ne rendent que des services gratuits; de plus, à
» raison de l'exiguïté de notre territoire et du nombre
» restreint des médecins, ces services ne peuvent être
» que temporaires.

» Aussi, le 26 août, une partie de nos compatriotes
» sont revenus dans le grand-duché.

» Mais sept membres de notre expédition, retenus
» par le zèle qu'ils ont mis à l'accomplissement de
» leur œuvre humanitaire, ont perdu de vue le mo-
» ment où la forteresse a été fermée. Ils s'y trouvent
» encore actuellement, logés probablement à l'hôtel
» de Paris. Ce sont :

MM. Glaesener (J.-B.), médecin à Wiltz, grand-
    duché de Luxembourg.
    Heiderscheid, médecin à Wiltz, id.
    Buffet, médecin à Wilwerwiltz, id.
    Meyres, médecin à Bettembourg, id.
    Buffet, chirurgien vétérinaire à Wiltz, id.
    Klein, candidat pharmacien à Wacken, id.
    Rothermel, candidat pharmacien à Luxembourg.

La nuit arrivait ; le général Bourbaki, revêtu de vêtements bourgeois, que je lui prêtai, se mêla aux médecins, empruntant à l'un d'eux une casquette, et, muni du passe-port de M. Régnier, il partit avec eux, sans avoir vu aucun des officiers de son état-major, ni son aide de camp.

Je n'eus pas de nouvelles du général, bien qu'il

» Cependant les familles de ces médecins attendent
» leur retour avec anxiété ; l'état sanitaire du grand-
» duché réclame également leur présence. En con-
» séquence, nous prenons la liberté de supplier Votre
» Excellence de bien vouloir accorder à nos compa-
» triotes susnommés l'autorisation de quitter la forte-
» resse de Metz.

» Nous avons délégué M. Charles Munchen, membre
» du conseil d'État du grand-duché, et M. Fanny Du-
» treux, propriétaire à Luxembourg, à l'effet de faire
» les démarches requises pour faire parvenir notre
» lettre à Votre Excellence. Ils attendent dans le quar-
» tier général de Corny la décision que Votre Excel-
» lence voudra prendre.

» Si, contrairement à notre espoir, il n'était pas pos-
» sible de faire droit à notre demande, Votre Excel-
» lence ferait une œuvre de bienveillance en faisant au
» moins parvenir à nos délégués des nouvelles de leurs
» compatriotes et en faisant connaître à ces derniers,
» d'une part, que leurs familles sont en bonne santé,

fût convenu entre nous qu'il m'écrirait en envoyant ses lettres au château de Vernéville, d'où des personnes sûres me les feraient parvenir.

Plus tard, en octobre, une note émanant du quartier général allemand me fut remise à son sujet ; la voici :

« Sur l'ordre de Son Altesse Royale, le chef
» d'état-major a répondu à la demande de M. Ré-
» gnier pour être autorisé à se rendre à Metz, dans
» le but de déterminer un général commandant à

» d'autre part, que notre Comité se charge naturelle-
» ment des frais de leur séjour à Metz.

» Veuillez agréer, etc.

» *Le Comité de secours aux blessés, sans*
» *distinction de nationalité,*

» *Signé :* D. Scherff, président.

» Je me joins bien sincèrement à la demande d'autre
» part, et je me permets de la recommander au bien-
» veillant accueil de S. Exc. M. le maréchal Ba-
» zaine.

» Luxembourg, 20 septembre 1870.

» *Le ministre d'État, président le gouvernement*
» *du grand-duché de Luxembourg,*

» *Signé :* E. Servais. »

» accepter une mission politique, qu'on n'oppose-
» rait aucun obstacle au voyage dudit général ; mais
» qu'il était bien entendu que pendant la durée du
» siége ce général ne pourrait rentrer dans la forte-
» resse. M. Régnier était chargé de faire connaître
» cette condition au général en question, avant que
» ce dernier se décidât à entreprendre le voyage.
» Son Altesse Royale fut en conséquence fort sur-
» prise lorsque, il y a plusieurs jours, le général fit
» demander, d'un territoire neutre, s'il pourrait
» rentrer à Metz. La demande transmise à S. M. le
» Roi n'a pas encore reçu de réponse, mais le géné-
» ral a fait savoir depuis qu'il n'attendrait pas plus
» longtemps la décision demandée à cet égard. »

Je n'avais pas compris la restriction au sujet du retour à Metz, puisque ma dernière recommandation au général Bourbaki avait été un prompt retour.

Le 29 septembre, le général de Stiehl, chef d'état-major du prince Frédéric-Charles, me fit parvenir la dépêche suivante, non signée, mais datée de Ferrières :

« Ferrières, 28 septembre 1870.

» Le maréchal Bazaine acceptera-t-il, pour la
» reddition de l'armée qui se trouve devant Metz, les
» conditions que stipulera M. Régnier, restant dans

» les instructions qu'il tiendra de M. le maréchal? »

Je répondis au général de Stiehl :

« Metz, 29 septembre 1870.

» Monsieur le général,

» Je m'empresse de vous faire savoir, en réponse
» à la lettre que vous m'avez fait l'honneur de
» m'envoyer ce matin, que je ne saurais répondre
» d'une manière absolument affirmative à la ques-
» tion qui est posée par S. Exc. M. le comte de
» Bismarck. Je ne connais nullement M. Régnier,
» qui s'est présenté à moi comme muni d'un laissez-
» passer de M. de Bismarck, et qui s'est dit l'en-
» voyé de S. M. l'Impératrice, sans pouvoirs écrits.
» M. Régnier m'a fait savoir que j'étais autorisé à
» envoyer auprès de l'Impératrice, soit S. Exc. le
» maréchal Canrobert, soit le général Bourbaki. Il
» me demandait en même temps s'il pouvait expo-
» ser des conditions dans lesquelles il me serait pos-
» sible d'entrer en négociations avec le comman-
» dant en chef de l'armée allemande devant Metz
» pour capituler.

» Je lui ai répondu que la seule chose que je pusse
» faire serait d'accepter une capitulation avec les
» honneurs de la guerre; mais que je ne pouvais
» comprendre la place de Metz dans la convention

» à intervenir. Ce sont en effet les seules conditions
» que l'honneur militaire me permette d'accepter,
» et ce sont les seules que M. Régnier ait pu ex-
» poser.

» Dans le cas où S. A. R. le prince Frédéric-
» Charles désirerait de plus complets renseigne-
» ments sur ce qui s'est passé, à ce propos, entre
» moi et M. Régnier, M. le général Boyer, mon
» premier aide de camp, aura l'honneur de se
» rendre à son quartier général au jour et à l'heure
» qu'il lui plaira d'indiquer. »

M. Régnier m'avait demandé si, le cas échéant, il pouvait rapporter mes paroles à M. de Bismarck. Je n'y ai vu aucun inconvénient ; mais je ne pouvais considérer ce propos comme une ouverture que je faisais au gouvernement allemand, ainsi que la dépêche de Ferrières semblait le présumer.

M. Régnier, avec lequel je n'ai jamais eu de relations depuis le 24 septembre, s'est attribué là une mission que je ne lui avais pas confiée.

Telle est la vérité sur la prétendue intrigue qui m'aurait fait renvoyer de l'armée le général Bourbaki, afin de me débarrasser d'un témoin gênant pour mon ambition.

OCTOBRE

Les opérations militaires du mois d'octobre furent plus sérieuses que celles du mois précédent; le 2, le 6ᵉ corps s'empara du château de Ladonchamps, que j'avais désigné depuis longtemps comme objectif d'un coup de main important, afin d'étendre nos positions en aval sur la rive gauche de la Moselle.

Le 7 octobre, d'après l'indication de plusieurs habitants de Metz, soutenant qu'il y avait dans les fermes des Grandes et des Petites-Tapes, à Saint-Remy, à Bellevue, des approvisionnements considérables de céréales et de fourrage, j'ordonnai l'attaque de ces divers points. Je mis la division de voltigeurs de la Garde à la disposition de M. le maréchal Canrobert, qui fut chargé de diriger l'opération. Les 3ᵉ et 4ᵉ corps devaient prêter leur concours en étendant leur action diversive, le 3ᵉ corps jusqu'à Malroy, sur la rive droite; le 4ᵉ, jusqu'au Vermont, sur la gauche du 6ᵉ corps. Le mouvement, conduit avec énergie et intelligence, nous rendit maîtres de Bellevue et des Tapes, dans lesquels on trouva fort peu de ressources.

Les chasseurs à pied et les voltigeurs de la Garde montrèrent dans cette entreprise un élan et une bravoure dignes de ces corps d'élite; ils s'emparèrent d'une batterie ennemie, que le manque de chevaux les obligea à abandonner lorsqu'ils durent se replier, opération qu'ils exécutèrent, comme dans l'attaque, avec un ordre remarquable. Les 3ᵉ et 4ᵉ corps, qui opéraient sur les flancs, n'atteignirent pas les points extrêmes que je leur avais indiqués, et les positions prises ne purent être conservées, les batteries ennemies de Malroy et de Saulny les battant d'écharpe. Ce combat nous coûta encore 1,257 hommes, parmi lesquels 3 généraux, les généraux de Chanaleille, Garnier, blessés, et Gibon, mort des suites de ses blessures, et 61 officiers. Nous fîmes 800 prisonniers.

En ordonnant cette dernière opération, j'avais eu pour but de réveiller dans l'armée le sentiment agressif. En effet, depuis quelque temps j'avais remarqué dans le cours de mes tournées journalières un grand relâchement dans le service des avant-postes; une sorte de trêve tacite semblait exister, malgré mes observations réitérées, malgré mes ordres mêmes, et dès le 20 septembre j'avais dû écrire aux commandants des corps d'armée :

« Depuis quelques jours l'armée semble se borner
» à un rôle d'observation; ce rôle ne saurait con-

» venir à notre situation. Je vous prie de donner
» des ordres pour que les troupes de votre corps
» d'armée n'hésitent pas à tirer sur l'ennemi, cha-
» que fois que l'occasion s'en présentera, pour le
» gêner dans ses marches et ses exercices. »

D'un autre côté, la situation générale s'aggravait à mesure que se réduisaient nos précaires ressources. Il était temps de prendre un parti. Dès les premiers jours d'octobre, j'ordonnai les mesures nécessaires pour me donner la plus grande liberté dans les mouvements que je pourrais avoir à faire. A ce sujet, M. le général Coffinières, commandant supérieur de Metz, me répondit la lettre suivante, qui peint bien la situation :

« Metz, 5 octobre.

» Je me suis occupé, en rentrant à Metz, de
» l'installation des malades venant des corps, et
» même de ceux qui pourraient survenir. Ce pro-
» blème est bien difficile, car toutes nos casernes et
» nos établissements sont combles.

» J'aurai l'honneur de vous écrire demain matin
» pour vous faire connaître nos ressources ; je crains
» bien qu'elles ne soient insuffisantes. Le général
» Soleille demande deux compagnies de ponton-
» niers. Ce sont ces hommes qui servaient les
» pièces de nos forts. Je vous prie instamment de

» les remplacer par d'autres canonniers. Les petits
» dépôts sont prévenus de recevoir les malingres
» des différents corps; ces malingres seront bien-
» tôt des malades, et nous n'avons plus de méde-
» cins[1], ni médicaments, ni ustensiles d'aucune
» sorte.

» Dieu veuille que les 150,000 habitants et gar-
» nison, ainsi que votre armée, ne soient pas vic-
» times de la détermination que vous allez prendre.

» *Le général commandant la place,*

» *Signé :* COFFINIÈRES. »

Pendant le combat du 7 octobre, auquel j'assis-
tai, voyant l'avantage que nous obtenions, j'avais
fait venir la division de grenadiers de la Garde,
qui demeura en réserve. Mon projet était de relever les voltigeurs par cette division dans les positions conquises, et de mettre, dès la tombée de la
nuit, toute l'armée en marche, sans bagages, laissant les tentes dressées. Nous aurions peut-être
réussi de cette façon à nous échapper; seulement le
mouvement n'était possible qu'à la condition d'oc-

---

[1] J'avais dû faire faire le service des hôpitaux par
une notable partie des médecins des corps. (*Note de
l'auteur.*)

cuper les deux rives dominantes de la Moselle, pour n'avoir pas à défiler dans une vallée étroite, sous le feu prolongé et plongeant de l'ennemi. Les deux corps de soutien (3e et 4e), en ne remplissant pas complétement leur rôle, ne permirent pas de laisser la division de voltigeurs dans ses positions avancées. C'est alors que je donnai l'ordre d'opérer une diversion puissante sur Ars, dans la nuit du 7 au 8. Si cet ordre avait pu être exécuté, j'aurais repris de nouveau et concurremment l'offensive en aval[1]. Des indiscrétions au sujet du coup de main

---

[1] *Le général de Cissey au maréchal Bazaine.*

« Longeville-lez-Metz, 8 octobre.

» Vous m'avez fait l'honneur de m'envoyer, hier au
» soir, un officier de votre état-major général pour me
» faire part du désir que Votre Excellence avait de me
» voir tenter une vigoureuse démonstration contre Ars-
» sur-Moselle. En raison de l'heure, avancée déjà, à
» laquelle j'avais reçu cette communication, j'ai cru,
» au point de vue de la réussite de l'entreprise, devoir
» présenter certaines objections pour l'exécution du
» coup de main pendant la dernière nuit.

» Il m'aurait été très-difficile, en effet, de bien pré-
» parer les chefs de bataillon que j'ai l'intention d'em-
» ployer, et de régler préalablement tous les détails
» indispensables dans l'organisation d'une attaque de
» nuit.

sur Ars en ébruitèrent le secret, et m'empêchèrent de donner suite à cette idée. Je pensais jeter, pour le moins, une grande incertitude dans l'esprit de l'ennemi sur mes projets ultérieurs; mais reculée à la nuit du 8 au 9, l'opération perdait toute opportunité.

En tout état de cause, j'écrivis, le 7 octobre au soir, la lettre confidentielle ci-après aux commandants des corps d'armée et aux chefs des armes spéciales :

« Ban-Saint-Martin, 7 octobre.

» Le moment approche où l'armée du Rhin se
» trouvera dans la situation la plus difficile peut-

» J'ai pu, ce matin, arrêter dans ma pensée tous les
» moyens qui me semblaient propres. . . . . .
» . . . .

» Je ne puis terminer cette dépêche sans signaler les
» indiscrétions regrettables qui font connaître à un
» grand nombre les projets du commandant supérieur.
» Ainsi, ce matin, il m'a été rendu compte qu'à la
» suite d'une de ces indiscrétions le bruit était fort ré-
» pandu que la 1re division devait tenter un coup de
» main dans la direction d'Ars-sur-Moselle, soit pen-
» dant la nuit passée, soit peut-être cette nuit même.

» *Le général commandant la 1re division du 4e corps,*

» *Signé :* DE CISSEY. »

» être qu'ait jamais dû subir une armée française.

» Les graves événements militaires et politiques
» qui se sont accomplis loin de nous et dont nous
» ressentons le douloureux contre-coup n'ont
» ébranlé ni notre force morale, ni notre valeur
» comme armée; mais vous n'ignorez pas que des
» complications d'un autre ordre s'ajoutent jour-
» nellement à celles que créent pour nous les
» faits extérieurs. Les vivres commencent à man-
» quer, et, dans un délai qui ne sera que trop
» court, ils nous feront absolument défaut. L'ali-
» mentation de nos chevaux de cavalerie et de trait
» est devenue un problème, dont chaque jour qui
» s'écoule rend la solution de plus en plus impro-
» bable. Nos ressources sont épuisées, les chevaux
» vont dépérir et disparaître. Dans ces graves cir-
» constances, je vous ai appelés pour vous exposer
» la situation, et vous faire part de mon sentiment.

» Le devoir d'un général en chef est de ne rien
» laisser ignorer, en pareille occurrence, aux com-
» mandants des corps sous ses ordres, et de s'é-
» clairer de leur avis et de leurs conseils. Placé plus
» immédiatement en contact avec les troupes, vous
» savez certainement, M....., ce que l'on peut
» attendre d'elles, ce que l'on doit en espérer.
» Aussi, avant de prendre un parti décisif, ai-je
» voulu vous adresser cette dépêche pour vous de-

» mander de me faire connaître par écrit, après un
» examen mûri et très-approfondi de la situation,
» et après en avoir conféré avec vos généraux de
» division, votre opinion personnelle et votre ap-
» préciation motivée.

» Dès que j'aurai pris connaissance de ce docu-
» ment, dont l'importance ne vous échappera pas,
» je vous appellerai de nouveau dans un conseil
» suprême, d'où sortira la solution définitive de la
» situation de l'armée dont S. M. l'Empereur m'a
» confié le commandement.

» Je vous prie de me faire connaître, par écrit,
» dans les quarante-huit heures, l'opinion que j'ai
» l'honneur de vous demander, et de m'accuser
» réception de la présente dépêche. »

Je joignis à cette lettre copie d'une dépêche que je venais de recevoir de M. le commandant supérieur de Metz, dans laquelle il me déclarait ne pouvoir plus fournir de pain à l'armée que pour cinq jours [1].

Les réponses à ma lettre confidentielle du 7 octobre furent les suivantes :

---

[1] Voir la lettre du général Coffinières, en date du 7 octobre 1870, aux Pièces justificatives, note C, n° 1.

Le général Desvaux au maréchal Bazaine.

8 octobre.

« La dépêche confidentielle de Votre Excellence
» (7 octobre) a été communiquée à MM. les géné-
» raux Deligny, Picard et du Fretay. Après avoir
» conféré avec eux, j'ai l'honneur de vous faire
» part des avis qui ont prévalu.

» La pensée de s'ouvrir un chemin à travers l'ar-
» mée ennemie s'offrait la première à l'esprit. Cette
» tentative a déjà été essayée sans succès ; elle serait
» encore moins réalisable dans l'état où se trouvent
» les chevaux, privés de nourriture, et les terrains,
» détrempés par la pluie. On combattrait avec une
» cavalerie et une artillerie presque impuissantes,
» malgré le courage qui anime ces deux armes.

» Dans tous les cas, la place de Metz, dépourvue
» de vivres, serait obligée de se rendre.

» L'armée du Rhin n'a plus de secours à espérer
» d'aucune autre armée française. Si nous ne pou-
» vons sortir de Metz, au moins l'ennemi n'aura-
» t-il pas la force de nous en arracher, tant que
» l'épuisement des vivres ne marquera pas le terme
» fatal de la lutte.

» Je pense qu'il faut prolonger la défense de
» Metz jusqu'aux dernières limites possibles, le

» gouvernement pouvant, par suite, traiter plus
» avantageusement.

» Quand les vivres approcheront de leur fin,
» l'obligation commencera de connaître les condi-
» tions que l'ennemi voudra imposer à l'armée du
» Rhin, pour qui la continuation de la défense sera
» devenue impossible.

» Si ces conditions sont honorables, conformes
» aux droits et aux usages de la guerre, les géné-
» raux précités pensent unanimement que l'armée
» du Rhin est réduite à accepter ces conditions.

» Si, au contraire, l'honneur de l'armée devait
» être atteint par les stipulations proposées par l'en-
» nemi, les mêmes généraux pensent unanimement
» qu'il faut repousser ces stipulations, et qu'alors
» l'honneur et le devoir militaire commandent de
» sortir en combattant.

» *Le général commandant la Garde impériale,*

» *Signé* : DESVAUX.

» Les généraux Deligny et Picard ont émis l'avis
» que toute négociation, au nom de l'armée fran-
» çaise, devrait être promptement ouverte, afin de
» ne pas retarder une sortie par la force, dans le
» cas où l'ennemi poserait des conditions inaccep-
» tables ou ferait attendre sa réponse. »

Le général Coffinières au maréchal Bazaine.

« Metz, 8 octobre.

» Votre Excellence m'a fait l'honneur de me de-
» mander, par sa dépêche confidentielle du 7 octo-
» bre, de lui faire connaître, par écrit, mon opinion
» personnelle et mon appréciation motivée sur l'en-
» semble de la situation. Mes réflexions sur cette
» grave question peuvent se résumer comme il
» suit :

» Je commence par rappeler, en quelques mots,
» les événements antérieurs.

» A la fin de juillet, l'armée du Rhin complétait
» son organisation et s'établissait sur la frontière de
» l'Est, depuis Sierck jusqu'à Lauterbourg, sur une
» longueur de trente-six lieues. Les combats de
» Wissembourg et de Spickeren firent voir que notre
» ligne était trop étendue ; un mouvement de con-
» centration sur Metz fut décidé. Notre armée com-
» mençait même à passer sur la rive gauche de la
» Moselle, lorsque s'engagea la bataille de Borny,
» le 14 août. En ce moment, le projet était de re-
» joindre les forces qui se réunissaient à Châlons.
» Cependant, après les batailles, glorieuses pour
» nos armes, des 16 et 18 août, l'armée rentra
» dans le camp retranché de Metz. La place fut
» immédiatement bloquée.

» Il fut décidé, dans un conseil de guerre tenu,
» le 6 août, dans le château de Grimont, que jus-
» qu'à nouvel ordre on resterait dans l'expectative,
» en manœuvrant le plus énergiquement possible
» autour de la place. Cependant, la certitude de
» trouver une armée dans les Ardennes décida le
» général en chef à se mettre en mouvement pour
» rejoindre cette armée. Le 31 août, les plateaux
» de la rive droite furent occupés dans le but de
» repousser l'ennemi et de marcher vers Stenay. La
» bataille de Sainte-Barbe n'eut pas de résultat dé-
» cisif, et, par une fatalité sans exemple dans l'his-
» toire, l'armée du maréchal de Mac-Mahon était
» détruite le même jour à Sedan.

» Cet événement eut des conséquences très-
» graves. L'ennemi resserra le blocus de Metz et
» marcha sur Paris, où se produisaient de grandes
» complications politiques.

» Huit ou dix jours de pluies continues rendirent
» toute opération impossible pendant la première
» quinzaine de septembre; mais bientôt le géné-
» ral en chef entreprit des sorties vigoureuses et
» journalières, notamment vers Peltre, Ladon-
» champs, etc. L'armée fournissait en outre de
» nombreux travailleurs pour terminer les défenses
» de la place, et pour construire des lignes aujour-
» d'hui inexpugnables.

» La place, de son côté, a exécuté des travaux
» considérables : le corps de place a été mis en état
» de défense. Les zones de servitude ont été déga-
» gées, des ponts ont été construits, de nombreuses
» ambulances ont été créées, l'armement de la place
» et des forts a été mis sur les remparts, on a fabri-
» qué des quantités considérables de poudre et de
» cartouches. L'ordre a été maintenu dans la ville,
» et un recensement a prouvé que la population
» civile et la garnison normale de Metz avaient des
» vivres pour cinq mois.

» La situation du service des vivres, à la date du
» 8 octobre au soir, fait ressortir les chiffres sui-
» vants, en admettant la ration à 300 grammes :

» En blé..	290,000 rations.
» En farine.	410,000 —
» En pain	84,000 —
» En biscuit	68,000 —
» Total des rations à 300 gr.	852,000 rations.

» Le nombre des rationnaires étant de 160,000
» environ, on voit que nous avons encore du pain
» pour *cinq jours*, savoir : les 9, 10, 11, 12 et 13
» octobre. Nous devons ajouter que la viande de
» cheval est en grande abondance ; que nous avons
» plus de 3,000,000 de rations de vin et eau-de-vie,

» et que l'armée proprement dite a dans le sac des
» vivres pour quatre jours; mais cette réserve ne
» peut guère compter que pour *deux jours*, à cause
» des avaries. Si nous comptons d'autre part que la
» garnison et les ambulances arrivent à rattraper
» deux jours de vivres, nous pourrions atteindre le
» 15 ou le 16 octobre.

» La ville possède en ce moment 5,000 quintaux
» de blé; en prélevant 3,000 quintaux, nous ga-
» gnerions encore cinq jours, soit les 16, 17, 18,
» 19 et 20 octobre.

» Telle est la limite extrême à laquelle nous pour-
» rions atteindre, en épuisant toutes les ressources
» possibles. Mais comme on ne saurait attendre
» jusqu'au dernier moment, à cause de l'impossi-
» bilité de nourrir instantanément 230,000 âmes,
» nous concluons que l'on doit poser en fait qu'il y
» a nécessité absolue de prendre un parti avant le
» dimanche 19 octobre.

» La première inspiration de la bravoure et du
» patriotisme est de forcer les lignes ennemies, de
» couper leurs communications, de braver tous les
» dangers, pour aller se joindre à la nation armée,
» et de laisser la place de Metz se défendre elle-
» même.

» La froide raison fait voir que ce généreux et
» héroïque projet ne peut amener que des cata-

» strophes. Une armée de 80,000 à 100,000 hom-
» mes, lancée au milieu des forces ennemies qui
» l'environnent de toutes parts à grande distance,
» sans vivres, sans artillerie, sans cavalerie, sans
» objectif déterminé, et surtout sans lignes d'opé-
» rations, serait une armée perdue.

» D'un autre côté, nous avons dit que les maga-
» sins de la place sont vides, et que la ville ne pos-
» sède plus que 5,000 sacs de blé. La population
» civile, la population militaire et les 20,000 ma-
» lades ou blessés formeraient un total de 130,000
» âmes environ, qui vivraient très-péniblement avec
» les 5,000 sacs de blé pendant huit ou dix jours,
» et la place serait obligée de se rendre.

» Nous concluons donc : que le départ de l'armée
» serait funeste, et qu'il doit être écarté comme
» ayant pour conséquence la perte certaine de la
» place et la perte très-probable de l'armée.

» Quelques personnes pensent qu'il serait pos-
» sible de se procurer des vivres en exécutant quel-
» ques opérations importantes.

» Il nous semble évident que ce but ne saurait
» être atteint, parce que les environs de la place
» sont épuisés, et parce qu'une sortie trop lointaine
» équivaudrait à un départ de l'armée, ce que nous
» avons reconnu inadmissible.

» Il se produit une autre opinion plus sérieuse

» et qui prend sa source dans des sentiments mili-
» taires fort respectables. Il semble impossible à
» quelques hommes de cœur d'entrer en arrange-
» ment avant d'avoir tenté un suprême effort, d'a-
» voir livré un grand combat. Une bataille peut
» être livrée, et quelle qu'en soit l'issue, on suc-
» comberait avec honneur.

» S. Exc. M. le maréchal commandant en chef de
» l'armée peut seul apprécier si cet avis mérite
» d'être pris en considération. Ce que je me borne
» à constater, en ma qualité de commandant supé-
» rieur de la place de Metz, c'est qu'avec ou sans
» combat, si quelque événement imprévu ne vient
» se produire, l'armée et la place de Metz ne peu-
» vent résister au delà du dimanche 19 octobre,
» parce que les vivres seront alors complétement
» épuisés.

» *Le général commandant supérieur de Metz,*

» *Signé :* COFFINIÈRES. »

Le maréchal Canrobert au maréchal Bazaine.

« 8 octobre.

» Par sa dépêche confidentielle d'hier, Votre
» Excellence, après avoir bien voulu m'exposer la
» situation des ressources à la disposition de l'ar-
» mée, lesquelles ne permettent plus de subvenir

» à l'alimentation des chevaux, ni pour les hommes
» d'assurer la distribution du pain au delà de huit
» jours, en réduisant cependant la ration à 300 gram-
» mes, m'invite, après en avoir conféré avec mes
» généraux de division, à lui faire connaître, par
» écrit, mon opinion personnelle sur la situation, et
» mon appréciation motivée sur le parti définitif qu'il
» y a lieu de prendre en présence de cette situation.

» J'ai réuni mes généraux de division, et après
» en avoir conféré avec eux, ils m'ont remis une
» déclaration écrite et unanime, dont les conclu-
» sions portent ce qui suit :

» Vu les forces infiniment supérieures qui nous
» entourent et les tentatives infructueuses qui ont
» été faites pour franchir les lignes ennemies ; vu
» la destruction presque totale de nos chevaux d'ar-
» tillerie et de cavalerie, et l'épuisement complet
» de nos vivres, les généraux soussignés pensent
» qu'il y aurait lieu de traiter avec l'ennemi pour
» obtenir une convention honorable, c'est-à-dire,
» de partir avec armes et bagages, et sous la condi-
» tion de ne pas servir contre la Prusse pendant un
» temps qui n'excédera pas un an. Dans le cas où
» les conditions imposées par l'ennemi ne sauraient
» être acceptées par des gens d'honneur, les géné-
» raux de division sont résolus à traverser les lignes
» prussiennes coûte que coûte.

» En ce qui me concerne, après un examen ap-
» profondi des conditions matérielles et morales
» dans lesquelles se trouve l'armée du Rhin et en
» tenant compte des graves événements politiques
» et militaires qui se sont accomplis loin de nous,
» je pense qu'il n'est pas possible de renouveler les
» tentatives infructueuses qui ont été faites pour
» percer les lignes ennemies et gagner un point de
» la France dans des conditions qui permettent de
» rendre des services utiles au pays.

» Cette opinion est basée sur les considérations
» suivantes :

» 1° L'armée ennemie, dont la force numérique
» est double de la nôtre, occupe des positions suc-
» cessives dont elle a considérablement augmenté
» la force naturelle par des retranchements et l'éta-
» blissement de nombreuses batteries de position,
» que le chiffre de ses bouches à feu beaucoup plus
» élevé que le nôtre lui permet de garnir, tout en
» conservant les batteries mobiles nécessaires.

» 2° L'épuisement chaque jour plus complet de
» nos chevaux de selle et de trait, qui n'ont plus de
» rations, ne permet plus de pouvoir compter sur
» un effet utile de la cavalerie, ni sur la possibilité
» de faire suivre une artillerie même fort res-
» treinte.

» 3° En admettant cependant qu'on parvienne à

» percer les lignes, les ressources en munitions et
» en vivres feraient complétement défaut après
» deux ou trois marches ou combats; de plus, et
» avec les chances les plus favorables, on ne peut
» estimer à moins de la moitié de notre effectif les
» pertes qu'entraînerait une trouée, en hommes pris
» ou hors de combat. Si l'on songe alors à ce que
» serait la situation morale et matérielle du reste de
» l'armée, on est en droit de se demander si elle
» serait en état de soutenir une poursuite obstinée,
» et si elle n'entrerait pas promptement dans un
» état de désorganisation qui serait un triste spec-
» tacle, sinon même un danger pour le pays, et
» porterait une atteinte grave à l'honneur du dra-
» peau.

» 4°. Enfin notre éloignement de Metz, où depuis
» plus d'un mois nous retenons une armée de
» 200,000 hommes, rendrait cette armée dispo-
» nible et lui permettrait immédiatement de porter
» un secours considérable et peut-être décisif à
» l'armée qui assiége Paris.

» Ces considérations étant posées et par suite
» l'impossibilité de tenir la campagne reconnue, il
» est raisonnable et nécessaire, étant donné l'épui-
» sement absolu des vivres, de tenter auprès de
» l'ennemi une démarche ayant pour but d'amener
» une convention honorable.

» Toutefois l'honneur militaire et les intérêts de
» notre pays, qu'une prolongation de résistance
» peut si utilement servir, commandent que
» cette démarche ne soit faite qu'après que, par
» tous les moyens possibles que permet l'humanité,
» nous aurons pu faire vivre l'armée sous Metz.

» Si cette convention n'est pas acceptée et que
» l'ennemi, abusant de ses avantages contre une
» armée que trois grandes batailles et des combats
» journaliers lui ont appris à respecter, veuille lui
» imposer des conditions inacceptables, nous lui
» ferons savoir que des soldats français de notre
» trempe ne sauraient s'humilier, et qu'ils préfèrent
» mourir les armes à la main, en vendant chère-
» ment leur vie.

» Le monde et l'histoire jugeront alors laquelle
» des deux armées a porté plus haut l'honneur de
» son drapeau.

» *Le maréchal de France, commandant*
» *le 6ᵉ corps.*

» *Signé :* CANROBERT. »

Le général Frossard au maréchal Bazaine.

« Camp de Montigny, 9 octobre.

» Par sa dépêche en date d'hier, Votre Excel-
» lence en présentant un exposé de la situation dif-

» ficile et grave dans laquelle va se trouver l'armée
» du Rhin, m'a invité à lui faire connaître, par
» écrit, après un examen approfondi des choses
» et après en avoir conféré avec les généraux de
» division du corps que je commande, mon appré-
» ciation motivée de cette situation et mon opinion
» personnelle.

» Votre Excellence ajoute que, placés plus immé-
» diatement en contact avec les troupes, les com-
» mandants de corps d'armée savent ce que l'on
» peut attendre d'elles, ce que l'on doit en espérer.

» En réponse à ladite dépêche, j'ai l'honneur,
» Monsieur le maréchal, de vous adresser les ob-
» servations suivantes :

» Je pense, comme vous, que les circonstances
» sont rendues très-graves par le manque de vivres,
» qui va être absolu dans quelques jours, et qu'une
» solution est urgente.

» J'ai réuni confidentiellement les généraux de
» division de mon corps d'armée; j'ai trouvé chez
» eux un sentiment unanime, et tous m'ont dit que
» ce sentiment était aussi celui des chefs de corps
» sous leurs ordres. Leur opinion est aussi la
» mienne.

» Votre dépêche, Monsieur le maréchal, ne me
» posait pas de questions précises, mais ces ques-
» tions se présentaient d'elles-mêmes.

» Pour faire sortir votre armée de la situation
» dans laquelle elle se trouve, il n'y a que deux
» partis à prendre : chercher à s'ouvrir, les armes
» à la main, un passage à travers les lignes enne-
» mies, ou conclure avec les chefs de l'armée prus-
» sienne une convention qui nous permette de sor-
» tir constitués et en armes pour nous reporter
» dans l'intérieur du pays, sous condition de ne
» pas prendre part, pendant un certain temps, à la
» guerre.

» Nos troupes sont braves, disciplinées et con-
» fiantes dans leurs chefs ; comme le dit Votre Ex-
» cellence dans sa dépêche, les événements militaires
» et politiques qui se sont accomplis loin de nous
» n'ont ébranlé ni notre force morale, ni notre valeur
» comme armée. En agissant avec la totalité de nos
» forces dans une tentative pour déboucher, nous
» pouvons certainement avoir du succès dans une
» première journée, et le résultat de toutes nos
» luttes partielles l'a prouvé. Nous ne devons pas
» nous dissimuler que dans cette première marche
» l'armée ne ferait pas beaucoup de chemin ; mais
» c'est à la seconde journée, lorsque l'ennemi aurait
» eu le temps de se concentrer, que les difficultés
» deviendraient grandes, peut-être insurmontables.

» Personne ne saurait répondre du succès dans
» cette seconde phase de la lutte. Vous seriez peut-

» être exposé, soit à une dispersion de votre armée
» sans combats nouveaux, soit à sa destruction, et
» vous verriez se disloquer ainsi dans votre main
» la seule force organisée qui puisse rester au pays
» aujourd'hui. Si la seconde journée était à votre
» avantage, ce serait à la troisième, avec des atte-
» lages qui, faute de nourriture, ne pourraient traî-
» ner votre artillerie.

» Quant à la place de Metz, que deviendrait-
» elle? L'insuffisance de ses défenses du côté de
» Montigny est telle, que cette place, au dire des
» officiers compétents, ne pourrait tenir au delà de
» huit jours, après qu'elle aurait perdu l'appui de
» l'armée.

» Dans la première hypothèse, perte possible de
» l'armée, et chute de Metz huit jours après.

» Dans la seconde, consistant à conclure avec
» l'ennemi une convention qui permette à l'armée
» de sortir du blocus, la durée de Metz n'est pas
» prolongée; mais, par l'effet de cette convention,
» qui serait une capitulation honorable, l'armée a
» la faculté de partir avec armes et bagages. Elle
» demeure debout, entière, organisée, prête à être
» portée sur les points où la nécessité de sauvegarder
» l'ordre social nécessiterait son intervention.

» Une telle convention est-elle possible? Oui. Il y
» en a des exemples assez nombreux quand il s'agit

» d'une armée comme la vôtre, qui n'a pas été vain-
» cue, qui a toujours soutenu l'honneur des armes
» et est encore en état de faire éprouver à l'ennemi
» des pertes bien cruelles, dans le cas où il voudrait
» lui imposer des conditions trop rigoureuses ou
» inacceptables.

» Ce second parti, Monsieur le maréchal, est ce-
» lui que, d'accord avec les généraux de division de
» mon corps d'armée, je conseillerai de suivre.
» Notre opinion est aussi qu'il importe de le prendre
» le plus tôt possible, pour trois motifs :

» 1° Pour que les soldats ne soient pas encore
» découragés par la famine ;

» 2° Pour que nous puissions laisser quelques
» vivres à la place de Metz ;

» 3° Pour qu'il nous reste encore quelques che-
» vaux à atteler à l'artillerie que nous emmènerons.

» Cela suppose, bien entendu, que vous n'avez
» pas quelques raisons d'attendre de nouvelles né-
» gociations de paix.

» *Le général commandant le 2ᵉ corps,*

» *Signé* : FROSSARD. »

Le maréchal Le Bœuf au maréchal Bazaine.

« Saint-Julien, 9 octobre.

» Conformément à vos ordres, en date du 7 cou-

» rant, j'ai réuni hier, en conférence, MM. les
» généraux de division du 3ᵉ corps.

» Étaient présents : MM. de Clérembault, de
» Castagny, de Rochebouet, Vialla, Montaudon,
» Metman, Aymar.

» J'ai donné connaissance à ces officiers généraux
» de votre dépêche et de la copie de la lettre de
» M. le général Coffinières, faisant savoir à Votre
» Excellence que les autorités civiles déclarent ne
» plus avoir de blé que pour dix jours, et, d'autre
» part, que l'administration militaire de la place ne
» peut assurer à l'armée que cinq jours de pain,
» qu'il serait possible de porter à huit par la réduc-
» tion à 300 grammes.

» Cette situation a surpris les généraux, qui,
» d'après plusieurs faits à leur connaissance, se
» montrent convaincus qu'au moyen de recherches
» rigoureuses, pour lesquelles le commandant de
» l'armée serait représenté, l'on pourrait trouver
» encore dans la ville et dans la banlieue des appro-
» visionnements notables en blé, retenus par des
» particuliers ou par des spéculateurs.

» Les généraux de division du 3ᵉ corps sont una-
» nimes à penser que l'armée retirée sous Metz a
» sauvé la ville du bombardement et rendu d'autre
» part un service considérable au pays, en lui con-
» servant jusqu'à ce jour la Lorraine et en paraly-

» sant 200,000 hommes de l'armée prussienne, par
» sa ferme attitude et par de nombreux combats
» très-honorables pour nos armes. Ils sont malheu-
» reusement convaincus aussi qu'après le départ de
» l'armée, Metz ne tardera pas à succomber. Il y
» aurait donc intérêt à prolonger la situation ac-
» tuelle, surtout dans les conjonctures politiques et
» militaires où se trouve la France.

» Mais, quel que soit le temps que l'on puisse
» gagner, en recherchant activement et moyennant
» large rémunération les approvisionnements qui
» se cachent, en réduisant encore la ration du sol-
» dat et en rationnant même la population, la gra-
» vité de la situation ne peut échapper à personne.

» Jusqu'à présent, le soldat ne souffre d'aucune
» privation ; il a même été mieux nourri qu'en gar-
» nison. Grâce à cette alimentation, à la sollicitude
» de ses chefs et à la prévoyance de l'administration
» militaire, les forces et la santé du soldat se sont
» maintenues en parfait état ; mais les privations qui
» commencent pourront changer bientôt cet état
» de choses.

» Les chevaux ont notablement souffert. Il y a
» eu nécessité de les employer à l'alimentation ;
» notre cavalerie, si belle au commencement de la
» guerre, tend à disparaître. Notre artillerie ne
» peut plus atteler ses parcs, et bientôt peut-être la

» partie active que nous entretenons encore sera
» elle-même insuffisamment attelée.

» Telle est la vérité de la situation présente de
» l'armée. Quoi qu'il en soit, sommes-nous réduits
» à ne plus engager d'action sérieuse? Nous ne le
» pensons pas, et nous croyons qu'en concentrant
» nos efforts sur une même partie des lignes enne-
» mies, nous avons des chances d'un succès qui
» pourrait sauvegarder l'honneur du drapeau, s'il
» ne peut l'être autrement, d'une manière hono-
» rable et hautement avantageuse au pays. L'on ne
» dissimule pas cependant les difficultés de cette
» entreprise, en présence d'un ennemi fort de sa
» supériorité numérique et plus vigilant que jamais.

» Les généraux du 3ᵉ corps et moi nous sommes
» d'avis que l'on doit cependant tenter encore la
» fortune des armes. Le moral des officiers et celui
» des soldats sont à la hauteur des circonstances, et
» l'on peut demander à l'armée un nouvel et grand
» effort, en lui présentant un objectif bien défini
» pour cette lutte décisive. Quel serait cet objectif?
» Vers quelle direction devraient converger nos
» efforts? Ici, nous avons été unanimes à penser
» qu'au général en chef seul appartenait de le déci-
» der. Il peut être convaincu que nous mettrons
» tout notre dévouement à réaliser sa pensée.

» Toutefois, dans l'intérêt même du succès, nous

» réclamons une action commune pour les divers
» corps d'armée, qui, dans notre pensée, doivent
» rester tous liés militairement dans la main du com-
» mandant en chef, de manière à pouvoir se soutenir
» mutuellement et concourir à un seul et même but,
» celui de percer en un même point les lignes prus-
» siennes. Des actions partielles ou isolées ne parle-
» raient pas assez haut à l'esprit du soldat, et ne
» nous paraîtraient pas devoir amener de résul-
» tats définitifs, si même elles n'avaient pas pour
» effet à peu près certain de faire écraser les corps
» les uns après les autres.

» Telles sont, Monsieur le maréchal, les considé-
» rations que les généraux de division du 3ᵉ corps,
» avec lesquels je me trouve d'ailleurs en commu-
» nauté d'idées, m'ont prié de soumettre à la haute
» expérience de Votre Excellence.

» Je termine en vous exposant encore quelques
» mesures de détail, que les généraux désireraient
» voir prescrire pour toute l'armée, en cas de mou-
» vement. Les hommes emporteraient le sac, mais
» allégé des tentes-abri, qui resteraient déployées
» pour tromper l'ennemi.

» Votre Excellence n'ignore pas d'ailleurs que les
» bâtons de tentes-abri gênent beaucoup le soldat
» dans la guerre de bois. Les bagages seraient ré-
» duits à quatre voitures par régiment, si même

» ces voitures n'étaient pas remplacées par des mu-
» lets ou des chevaux de division.

» Les officiers montés de la cavalerie, de l'artil-
» lerie, du génie et des états-majors emporteraient
» leurs bagages sur leurs chevaux de main. L'artil-
» lerie et le génie réduiraient leurs voitures au
» strict nécessaire. L'artillerie sacrifierait une par-
» tie du canon de 4 divisionnaire, pour y substi-
» tuer des caissons chargés de munitions d'infante-
» rie. Le service des ambulances serait pourvu aussi
» largement que possible.

» *Le maréchal de France commandant le 3ᵉ corps,*

» *Signé :* LE BOEUF. »

Le général de Ladmirault au maréchal Bazaine.

« Plappeville, 9 octobre.

» Par sa dépêche confidentielle du 7 octobre,
» Votre Excellence me fait part des complications
» qui viennent s'ajouter aux embarras dans lesquels
» se trouve l'armée du Rhin concentrée sous les
» murs de Metz. Elle me fait l'honneur de me de-
» mander, dans cette grave circonstance, mon opi-
» nion personnelle sur l'état physique et moral des
» troupes de mon corps d'armée, sur ce qu'on peut
» attendre d'elles, sur ce qu'on peut en espérer.

» La discipline est bonne, la voix des officiers

» est écoutée, et leur exemple peut exciter le cou-
» rage et le dévouement chez le plus grand nombre
» des soldats. Les corps d'infanterie pourraient en-
» core répondre à un grand effort qui leur serait
» demandé; mais à côté de l'infanterie, bien des
» éléments disparaissent chaque jour et vont bien-
» tôt nous manquer.

» Les chevaux de cavalerie ne reçoivent plus de
» fourrage, si ce n'est une quantité insuffisante
» pour leur nourriture; ils sont sans force ni vi-
» gueur, et les pluies froides qui arrivent ne peu-
» vent que hâter leur fin.

» Les chevaux de l'artillerie, soumis aux mêmes
» privations, ne sont pas en meilleur état; ils dis-
» paraissent aussi; aujourd'hui ils auraient de la
» peine à traîner leurs pièces en dehors des routes.

» Les mulets et les chevaux de l'ambulance sont
» dans le même cas que les chevaux de la cavalerie
» et de l'artillerie.

» Nous avons fait tout ce qui était en notre pou-
» voir pour aider à la subsistance de ces animaux,
» en utilisant par une foule de moyens les ressources
» de l'alimentation; mais aujourd'hui tout est épuisé
» autour de nous, et l'on ne trouve plus rien.

» Il ne reste donc d'assez solide que l'infanterie.
» Les pertes qu'elle éprouve, dans les petites opé-
» rations qui sont faites journellement, n'ont pas

» abattu son courage ; mais elle est seule et privée des
» appuis qui lui sont indispensables dans les com-
» bats. Sans parcs à sa suite, elle ne pourrait renou-
» veler ses munitions, qu'elle épuise si rapidement.
» Les hommes, soumis à une nourriture réduite, ne
» pourraient plus fournir de ces marches rapides
» qui mettent de grandes distances entre soi et l'en-
» nemi. Le mauvais temps, joint aux privations de
» toute nature et aux fatigues du bivouac, augmente
» chaque jour le nombre des malades dans une pro-
» portion considérable. Mais quoi qu'il en soit de
» ce triste état de choses, Votre Excellence peut
» être assurée de trouver parmi les troupes du
» 4ᵉ corps d'armée le plus énergique dévouement
» pour tenter d'accomplir les résolutions suprêmes
» qu'elle jugera convenable de prendre.

» J'ai conféré longuement avec les généraux de
» division du 4ᵉ corps ; tous ont approuvé l'exposé
» que j'ai l'honneur de soumettre à Votre Excel-
» lence.

» *Le général commandant le 4ᵉ corps,*

» *Signé* : DE LADMIRAULT. »

Le 10 octobre, je réunis le conseil de guerre, dans lequel il fut décidé, à l'unanimité, qu'un officier général serait envoyé au grand quartier général ennemi, pour connaître les intentions du gouvernement prussien au sujet d'une convention militaire[1].

Le procès-verbal s'exprime ainsi :

Conseil de guerre du 10 octobre 1870.

« Le 10 octobre 1870, à deux heures de l'après-
» midi, le maréchal commandant en chef l'armée
» du Rhin a réuni les maréchaux et les généraux de
» division commandants de corps d'armée, le géné-

---

[1] Des hommes de mauvaise foi, sous le couvert d'un patriotisme exalté, ne craignirent pas de répandre dans la ville de Metz des nouvelles mensongères, qui inquiétaient la population et la prédisposaient à prêter l'oreille, sans contrôle, à tous les bruits.

Bien qu'au gouverneur de la place incombât naturellement le soin et le devoir de calmer ces émotions, M. le général Coffinières insista pour que dans ces circonstances je parlasse moi-même aux habitants; je leur adressai la proclamation suivante:

« 10 octobre 1870.

» Pour répondre aux nouvelles mensongères répan-
» dues dans la ville, le maréchal commandant en chef,
» n'ayant reçu aucune nouvelle affirmant les heureux
» faits de guerre qui se seraient passés à Paris, se borne
» à en souhaiter la réalisation et à assurer les habitants
» de Metz que rien ne leur est caché; qu'ils aient donc

» ral commandant l'artillerie, le général comman-
» dant supérieur de Metz et l'intendant en chef de
» l'armée.

» Quarante-huit heures auparavant, le maréchal
» avait adressé à tous ces officiers généraux une
» lettre circulaire par laquelle il leur exposait la si-
» tuation, et leur faisait savoir que nos ressources
» en pain ne dépasseraient pas huit jours, que,
» faute absolue de moyens d'alimentation, les che-
» vaux de cavalerie et de trait allaient disparaître.
» Il les avait invités à recueillir les avis des géné-
» raux de division placés sous leurs ordres et à lui
» faire connaître, par écrit, leur opinion person-
» nelle et motivée.

» confiance dans sa loyauté. Du reste, jusqu'à ce jour,
» le maréchal a toujours communiqué à l'autorité mi-
» litaire de Metz les journaux français ou allemands
» tombés entre ses mains.

» Il profite de l'occasion pour assurer que depuis le
» blocus, il n'a jamais reçu la moindre communication
» du gouvernement, malgré toutes les tentatives faites
» pour établir des relations. Quoi qu'il advienne, une
» seule pensée doit en ce moment absorber tous les
» esprits, c'est la défense du pays, un seul cri sortir
» de toutes les poitrines, Vive la France ! » (*Note de
l'auteur.*)

» Après avoir rappelé les principaux traits de la
» situation, le maréchal Bazaine a ajouté que, mal-
» gré toutes les tentatives faites pour se mettre en
» communication avec la capitale, il ne lui était ja-
» mais parvenu aucune nouvelle officielle du gou-
» vernement, qu'aucun indice d'une armée française
» opérant pour faire une diversion utile à l'armée
» du Rhin ne lui avait été signalé.

» M. le général Coffinières, commandant supé-
» rieur à Metz, et M. l'intendant en chef de l'armée
» furent alors successivement invités à exposer le
» bilan définitif de nos ressources alimentaires de
» toutes sortes. Il en résulta que, en faisant tous
» les efforts imaginables, en fusionnant les res-
» sources de la ville avec celles de la place et de
» l'armée, en réduisant la ration journalière de pain
» à 250 grammes, en rationnant les habitants, en
» consommant les réserves des forts et en réduisant
» le blutage des farines au taux le plus bas, sans
» s'exposer à compromettre la santé des hommes, il
» était possible de vivre jusqu'au 20 octobre inclus,
» y compris les deux jours de biscuit existant dans
» les sacs des hommes. La ration de viande de cheval
» devait être élevée à 600 grammes d'abord, et pous-
» sée jusqu'à 750 grammes, tous les chevaux étant
» considérés comme sacrifiés, vu l'impossibilité de
» les nourrir autrement que par un pacage presque

» illusoire, et la mortalité faisant chaque jour chez
» ces animaux des progrès effrayants[1].

» M. le général Coffinières déclara ensuite que
» l'état sanitaire était gravement compromis dans

---

[1] *Renseignements donnés par l'intendant de l'armée pour le conseil de guerre du 10 octobre 1870.*

« En réduisant la ration de pain et de biscuit à 250
» grammes, on prolongerait la situation des ressources
» jusqu'au 17 au lieu du 13. Cette réduction s'appli-
» querait, bien entendu, à la consommation de pain et
» de biscuit existant déjà entre les mains des hommes,
» aussi bien qu'à celle du pain ou biscuit provenant des
» distributions ultérieures, auxquelles il y aurait lieu
» d'affecter les farines existant dans les forts.

» En compensation, on pourrait porter la ration de
» viande à 600 grammes et faire une distribution extra-
» ordinaire d'eau-de-vie, tous les deux jours, et donner
» aux hommes de troupe une indemnité de 0 fr. 15 c.
» en sus de celle de 0 fr. 12 c., qui est accordée en
» remplacement du vin, quand il ne peut être donné.

» Cette mesure serait exécutoire pour toutes les trou-
» pes de la garnison de Metz, aussi bien que pour celles
» de l'armée.

» Ban-Saint-Martin, 8 octobre.

» *L'intendant en chef de l'armée,*
» *Signé :* LEBRUN. »

» la place, tant par l'accumulation de 19,000 bles-
» sés ou malades, que par le défaut de médica-
» ments, de moyens de couchage, de locaux et
» d'abris, et que par l'insuffisance du nombre des
» médecins.

» Les rapports des médecins en chef constatent
» que le typhus, la variole, la dyssenterie, et tout
» le cortége des maladies épidémiques commen-
» çaient à envahir les établissements hospitaliers et
» à se répandre dans la ville. L'affaiblissement causé
» par la mauvaise alimentation à laquelle on était
» réduit ne pouvait qu'augmenter ces causes mor-
» bides. On constate que les ambulances et les hô-
» pitaux sont encombrés, que près de 2,000 mala-
» des ou blessés sont encore recueillis chez les
» habitants, et la conclusion est que si un nombre
» considérable de blessés devait de nouveau être
» dirigé sur la place, il y aurait d'abord impossibi-
» lité de les installer, mais surtout danger immédiat
» pour la santé publique.

» Cet exposé de la situation de nos ressources
» alimentaires et de l'état sanitaire étant connu de
» tous les membres du conseil de guerre, on passe
» à l'examen de la situation militaire.

» Après lecture faite au conseil du rapport de
» S. Exc. M. le maréchal Canrobert, commandant
» le 6ᵉ corps d'armée, du rapport de M. le général

» Coffinières, commandant supérieur de Metz, du
» rapport de M. le général Desvaux, commandant
» provisoirement la Garde impériale, la situation
» militaire se résume dans les questions suivantes :

» 1º L'armée doit-elle tenir sous les murs de
» Metz jusqu'à l'entier épuisement de nos ressour-
» ces alimentaires?

» 2º Doit-on continuer à faire des opérations
» autour de la place pour essayer de se procurer des
» vivres et des fourrages?

» 3º Peut-on entrer en pourparlers avec l'en-
» nemi pour traiter des conditions d'une conven-
» tion militaire?

» Doit-on tenter le sort des armes et chercher à
» percer les lignes ennemies?

» *La première question* est résolue affirmative-
» ment à l'unanimité, par cette raison que la pré-
» sence de l'armée sous les murs de Metz y retient
» une armée ennemie de 200,000 hommes, dont il
» n'est point possible de disposer ailleurs, et que
» dans les conditions où elle se trouve, le plus grand
» service que l'armée du Rhin puisse rendre au
» pays est de gagner du temps et de lui permettre
» d'organiser la défense dans l'intérieur.

» *La deuxième question* est résolue négativement
» à l'unanimité, en raison du peu de probabilité
» qu'il y a de trouver des ressources suffisantes

» pour vivre quelques jours de plus, à cause des
» pertes que ces opérations occasionneraient, et de
» l'effet dissolvant que leur insuccès pourrait exer-
» cer sur le moral de la troupe.

» *La troisième question* est résolue affirmative-
» ment à l'unanimité, à la condition toutefois d'en-
» tamer ces ouvertures dans un délai qui ne dépas-
» sera pas quarante-huit heures, afin de ne pas
» permettre à l'ennemi de retarder le moment de la
» conclusion de la convention jusqu'au jour, et
» peut-être au delà du jour de l'épuisement de nos
» ressources.

» Tous les membres du conseil de guerre décla-
» rent énergiquement que les clauses de la conven-
» tion devraient être honorables pour nos armes et
» pour nous-mêmes.

» *La quatrième question* en amène une cin-
» quième. M. le général Coffinières demande s'il ne
» serait pas préférable de tenter le sort des armes
» avant d'entamer des négociations, le succès de
» cette tentative pouvant rendre les pourparlers in-
» utiles, ou bien le résultat infructueux de notre
» effort pouvant peser dans la balance du poids des
» pertes que nous aurions fait subir à l'ennemi.

» Cette question est écartée à la majorité, et il
» est décidé à l'unanimité que, si les conditions de
» l'ennemi portent atteinte à l'honneur des armes

» et du drapeau, on essayera de se frayer un che-
» min par la force avant d'être épuisé par la famine,
» et tandis qu'il reste la possibilité d'atteler quel-
» ques batteries.

» Il est donc convenu et arrêté :

» 1° *Que l'on tiendra sous Metz le plus long-
» temps possible.*

» 2° *Que l'on ne fera pas d'opérations autour de
» la place, le but à atteindre étant presque impro-
» bable.*

» 3° *Que des pourparlers seront engagés avec
» l'ennemi dans un délai qui ne dépassera pas qua-
» rante-huit heures, afin de conclure une conven-
» tion militaire honorable et acceptable pour tous.*

» 4° *Que dans le cas où l'ennemi voudrait im-
» poser des conditions incompatibles avec notre
» honneur et le sentiment du devoir militaire, on
» tentera de se frayer un passage les armes à la
» main.*

» Ont approuvé et signé :

» Le maréchal CANROBERT, commandant le
» 6° corps,

» Le maréchal LE BOEUF, commandant le
» 3° corps,

» Le général DE LADMIRAULT, commandant le
» 4° corps,

» Le général FROSSARD, commandant le 2ᵉ corps,

» Le général DESVAUX, commandant provisoirement la Garde impériale,

» Le général SOLEILLE, commandant l'artillerie de l'armée.

» Le général COFFINIÈRES, commandant supérieur à Metz,

» L'intendant en chef, LEBRUN,

» Le maréchal BAZAINE, commandant en chef l'armée.

« Ban-Saint-Martin, 10 octobre 1870. »

J'écrivis au prince Frédéric-Charles pour lui demander de laisser passer M. le général Boyer, qui, après avoir été mon aide de camp, avait désiré rester auprès de moi, malgré sa nomination au grade de général de brigade, et qui voulut bien accepter la mission de se rendre à Versailles auprès du roi de Prusse. Le 12, le commandant de l'armée allemande accorda l'autorisation qu'il avait refusée la veille.

Le 11 octobre, en effet, j'avais reçu du prince Frédéric-Charles la réponse suivante, à la demande que je lui avais faite d'un laisser-passer pour le général Boyer :

Le prince Frédéric-Charles au maréchal Bazaine.

« Corny, 11 octobre 1870.

» J'ai reçu la lettre, en date d'hier, de Votre
» Excellence. Je ne puis, à mon grand regret, ac-
» céder au désir qu'elle exprime, de laisser partir
» en ce moment pour le quartier général royal son
» aide de camp, M. Boyer.

» Je saisis cette occasion de remercier Votre Ex-
» cellence de la note[1] qu'elle m'a adressée par mon
» officier d'ordonnance, le lieutenant Dieskau, et
» de lui témoigner ma vive gratitude pour les peines
» qu'on s'est données, sur l'ordre de Votre Excel-
» lence, pour rassembler les objets qui ont appar-
» tenu au sous-officier Eckert, que j'aimais comme
» fidèle serviteur de ma maison, et pour découvrir
» sa tombe. (Traduction.)

» *Signé :* FRÉDÉRIC-CHARLES. »

Et le 12, je recevais la communication dont la teneur suit :

Le prince Frédéric-Charles au maréchal Bazaine.

« Quartier général devant Metz, 12 octobre 1870.

» J'éprouve un plaisir tout particulier à pouvoir

---

[1] Cette note concernait le sous-officier Eckert, au sujet duquel le Prince envoya plusieurs fois en parlementaire. (*Note de l'auteur.*)

» annoncer à Votre Excellence que, sur mon inter-
» vention, S. M. le Roi, mon gracieux maître, a,
» par voie télégraphique, accepté la proposition
» d'expédier votre aide de camp à Versailles au
» quartier général royal.

» Je prescris en conséquence à M. le lieutenant
» Dieskau de l'accompagner et de le ramener de
» Versailles à Metz. (Traduction.)

» *Signé* : FRÉDÉRIC-CHARLES. »

Le général Boyer partit de suite, ayant pour instructions de demander au gouvernement prussien, sur l'engagement de la neutralité de l'armée du Rhin contre les forces allemandes, de laisser celle-ci rester en France, où elle deviendrait le noyau de l'ordre. Je lui remis en même temps la note suivante, inspirée de la situation du pays, telle que la dépeignaient les journaux allemands qui tombaient entre nos mains ; c'est par eux que je connus la première demande de M. Jules Favre et son insuccès, comme l'ajournement des élections pour l'Assemblée nationale :

« Au moment où la société est menacée par l'at-
» titude qu'a prise un parti violent, et dont les
» tendances ne sauraient aboutir à une solution que
» cherchent les bons esprits, le maréchal comman-
» dant l'armée du Rhin, s'inspirant du désir qu'il

» a de sauver son pays, et de le sauver de ses pro-
» pres excès, interroge sa conscience et se demande
» si l'armée placée sous ses ordres n'est pas desti-
» née à devenir le palladium de la société.

» La question militaire est jugée; les armées al-
» lemandes sont victorieuses, et S. M. le roi de
» Prusse ne saurait attacher un grand prix au sté-
» rile triomphe qu'il obtiendrait en dissolvant la
» seule force qui puisse aujourd'hui maîtriser l'a-
» narchie dans notre malheureux pays, et assurer
» à la France et à l'Europe un calme, devenu si
» nécessaire après les violentes commotions qui
» viennent de les agiter.

» L'intervention d'une armée étrangère, même
» victorieuse, dans les affaires d'un pays aussi im-
» pressionnable que la France, dans une capitale
» aussi nerveuse que Paris, pourrait manquer le
» but, surexciter outre mesure les esprits, et ame-
» ner des malheurs incalculables.

» L'action d'une armée française encore toute
» constituée, ayant bon moral, et qui, après avoir
» loyalement combattu l'armée allemande, a la
» conscience d'avoir su conquérir l'estime de ses
» adversaires, pèserait d'un poids immense dans
» les circonstances actuelles. Elle rétablirait l'ordre
» et protégerait la société, dont les intérêts sont
» communs avec ceux de l'Europe. Elle donnerait à

» la Prusse, par l'effet de cette même action, une
» garantie des gages qu'elle pourrait avoir à récla-
» mer dans le présent, et enfin elle contribuerait à
» l'avénement d'un pouvoir régulier et légal, avec
» lequel les relations de toute nature pourraient
» être reprises sans secousses et naturellement.

» Ban-Saint-Martin, 10 octobre 1870. »

Deux officiers de l'état-major du prince Frédéric-Charles accompagnèrent le général, qui arriva le 14 à Versailles, où on ne le laissa communiquer avec personne. Il fut reçu par le comte de Bismarck, qui lui donna une seconde audience le lendemain. Chacun de ces entretiens eut lieu en tête-à-tête.

Le général Boyer revint à Metz le 17.

Une nouvelle séance du conseil de guerre eut lieu le 18, à laquelle voulut bien prendre part M. le général Changarnier, pour entendre le récit de la mission dont le général Boyer avait été chargé.

Le général rendit compte des conditions qui étaient exigées pour que l'armée sous Metz pût sortir avec armes et bagages. Ces conditions subordonnaient à des engagements politiques à prendre les avantages qui pourraient être accordés à l'armée du Rhin.

Il exposa :

1° La situation intérieure de la France, telle qu'elle lui avait été dépeinte, c'est-à-dire sous le jour le plus sombre;

2° Le refus, déclaré par le gouvernement allemand, de traiter avec le gouvernement de la défense nationale, si ce n'était sous la réserve de la convocation préalable d'une Assemblée nationale, qui seule pouvait avoir assez d'autorité morale pour garantir l'exécution du traité à intervenir;

3° L'ajournement, par le gouvernement de fait, que la Prusse n'avait pas reconnu, de la convocation de cette Assemblée, circonstance de laquelle le gouvernement prussien se prétendait autorisé à conclure que le pouvoir émané du plébiscite de 1870, voté en mai par le peuple français, représentait seul encore le gouvernement de droit.

En définitive, M. de Bismarck exigeait, comme point de départ et comme bases des négociations à engager, deux conditions préalables en garantie :

1° Une déclaration de l'armée du Rhin en faveur de la régence;

2° La remise de la place de Metz aux mains de la Prusse.

Le procès-verbal de la séance fut rédigé ainsi qu'il suit :

Compte rendu de la conférence du 18 octobre 1870.

« Le 18 octobre, à neuf heures du matin :

» MM. le maréchal Canrobert,
» le maréchal Le Bœuf,
» le général de Ladmirault,
» le général Frossard,
» le général Desvaux,
» le général Coffinières,
» le général Soleille,
» le général Changarnier,

» ont été appelés au quartier général pour entendre
» le récit de la mission dont avait été chargé, au-
» près du quartier royal à Versailles, le général
» Boyer.

» Cet officier général exposa le but de sa mis-
» sion, le résumé de ses deux entrevues, à Ver-
» sailles, avec M. de Bismarck, et conclut en fai-
» sant connaître les conditions que poserait le
» gouvernement prussien pour rendre à l'armée
» impériale sous Metz sa liberté d'action, pour se
» rendre sur un territoire délimité par une con-
» vention militaire, afin d'y rallier les dépositaires
» des pouvoirs publics existant en vertu de la con-
» stitution de mai 1870, et de les consulter sur
» l'opportunité de continuer au gouvernement de

» la Régence le mandat qui lui avait été conféré par
» l'Empereur, en vertu de cette constitution.

» Ces conditions sont les suivantes :

» 1° L'armée sous Metz déclare qu'elle est tou-
» jours l'armée de l'Empire, décidée à soutenir le
» gouvernement de la Régence;

» 2° Cette déclaration de l'armée coïncidera avec
» un manifeste de S. M. l'Impératrice Régente
» adressé au peuple français, et par lequel, au
» besoin, elle ferait un nouvel appel à la nation
» pour l'inviter à se prononcer sur la forme du
» gouvernement qu'elle désire adopter;

» 3° Ces deux déclarations devront être accom-
» pagnées d'un acte signé par un délégué de la
» Régence, et acceptant les bases d'un traité à
» intervenir entre le gouvernement des puissances
» allemandes et le gouvernement de la Régence.

» La discussion étant ouverte sur le premier
» point, les membres présents du conseil de guerre
» déclarent qu'ils y adhèrent, en ce sens qu'ils se
» considèrent toujours comme liés par le serment
» qu'ils ont prêté à l'Empereur; mais qu'ils dou-
» tent que l'armée les suive, une fois hors des murs
» de Metz, toute couleur politique donnée à son
» action pouvant donner lieu à des interprétations
» fâcheuses et devant être repoussée.

» Sur le deuxième point, la discussion n'est

» point ouverte, S. M. l'Impératrice seule pouvant
» juger de l'opportunité ou de la convenance de
» l'acte réclamé par les gouvernements allemands.

» La quatrième condition soulève une discussion,
» de laquelle il ressort unanimement que le maréchal
» commandant en chef de l'armée du Rhin ne sau-
» rait accepter la délégation de la régence pour
» signer les bases du traité à intervenir, dans le cas
» où il serait stipulé une cession de territoire. Il est
» même admis que, dans aucun cas, le maréchal ne
» saurait accepter aucune délégation pour signer le
» traité, toute son action devant rester uniquement
» militaire et sauvegarder la situation de l'armée.

» Ces trois points posés, on examine la question
» de savoir si l'armée peut se soustraire à ces exi-
» gences.

» A l'unanimité, les membres du conseil décla-
» rent que tout effort pour sortir des lignes enne-
» mies sera vraisemblablement suivi d'un insuccès;
» mais la question de l'honneur des armes se repré-
» sente toujours, et tout en convenant que les
» troupes ne suivront pas ou montreront de la fai-
» blesse, que toutes les chances sont pour qu'elles
» soient ramenées et se débandent, plusieurs mem-
» bres du conseil pensent qu'il faudra tenter la for-
» tune des armes, quelque désastreux que paraisse
» devoir être le résultat.

» *Le général Frossard* déclare nettement qu'il ne
» pense pas qu'on doive faire cette tentative.

» *Le général de Ladmirault* déclare que nous
» serons ramenés, que l'on ne saurait compter sur
» les troupes, mais qu'il est prêt avec ses généraux
» à obéir.

» *Le maréchal Le Bœuf* dit qu'il ne croit pas au
» succès, mais néanmoins qu'il faut tenter ce qu'il
» appelle une folie glorieuse.

» *Le maréchal Canrobert* déclare que c'est une
» évasion et non une sortie à tenter; mais qu'il ne
» croit pas au succès; que nous serons dispersés, et
» qu'ainsi on donnera aux Prussiens l'occasion de
» s'enorgueillir de cette victoire, qui sera un désas-
» tre de plus à ajouter à nos revers.

» *Le général Desvaux* déclare qu'il faut sortir,
» après avoir laissé nos troupes sous Metz, jusqu'à
» ce qu'elles ne puissent plus vivre, car on peut
» encore exiger d'elles un sacrifice.

» *Le général Soleille* ne veut pas de sortie; rien
» ne l'épouvante plus que la pensée des désordres
» et des conséquences du désastre inévitable qui
» suivra cette tentative. Il est convaincu qu'on ne
» franchira même pas les premières lignes ennemies.

» *Le général Coffinières* dit qu'il s'en tient aux
» conventions de la première conférence, qui disent
» que, si l'on ne peut obtenir des conditions hono-

» rables de l'ennemi, il faut essayer de se frayer un
» passage par les armes.

» On revient alors à l'examen de la possibilité
» de continuer les négociations dans le but d'arriver
» à une convention militaire honorable, et permet-
» tant de concourir à l'établissement d'un gouver-
» nement avec lequel les gouvernements allemands
» pourraient traiter.

» Le général Soleille, le général Desvaux, le gé-
» néral de Ladmirault, le général Frossard, le ma-
» réchal Canrobert et le général Changarnier se
» prononcent pour l'affirmative.

» Le général Coffinières et le maréchal Le Bœuf
» se prononcent pour la négative.

» En conséquence, le général Boyer se rendra à
» Hastings, pour voir s'il est possible d'obtenir une
» convention dans le sens indiqué plus haut ; mais
» à la condition expresse que nul traité ne devra
» être signé ni convenu par le commandant en chef
» de l'armée.

» Il devra également exposer la situation de l'ar-
» mée à l'Impératrice, et s'il n'est point possible
» d'arriver à la solution désirable, il sollicitera de
» Sa Majesté une lettre par laquelle elle délie l'ar-
» mée de son serment à l'Empereur et lui rend sa
» liberté d'action.

« Ban-Saint-Martin, 18 octobre 1870. »

Il résulte de ce qui précède que le conseil décida, à la majorité de six voix sur huit, que le général Boyer se rendrait auprès de l'Impératrice pour lui exposer la situation de l'armée du Rhin et les conditions que le gouvernement prussien semblait disposé à accorder. Il importait, au cas où l'Impératrice ne voudrait ou ne croirait pas pouvoir intervenir, qu'elle déliât l'armée de son serment, par écrit, ce qui nous ramenait à la situation du 10 octobre et permettait, s'il en était temps encore, de reprendre des négociations sur le pied de la démarche du général Boyer à Versailles. En tout cas, il était bien établi que l'armée ne saurait s'engager dans aucune voie politique, que partant aucune déclaration ne serait faite au nom de cette armée, et que le sort de la place de Metz était entièrement distinct de celui de l'armée.

Le 21 octobre, je tentai une dernière fois de communiquer avec le ministre de la guerre par la dépêche ci-dessous, que je confiai à six émissaires différents :

Le maréchal Bazaine au ministre de la guerre.

« Metz, 21 octobre 1870.

» A plusieurs reprises j'ai envoyé des hommes
» de bonne volonté pour donner des nouvelles de
» l'armée de Metz. Depuis, notre situation n'a fait

» qu'empirer, et je n'ai jamais reçu la moindre
» communication de Paris ni de Tours. Il est cepen-
» dant urgent de savoir ce qui se passe dans l'inté-
» rieur du pays et dans la capitale, car sous peu la
» famine me forcera de prendre un parti dans l'in-
» térêt de la France et de cette armée. »

Cette dépêche, je l'ai dit, parvint aux délégués du gouvernement, à Tours, portée par M. de Valcourt, interprète du général Letellier-Blanchard, et par M. Wojtkiewitch, interprète à l'intendance de la Garde; elle dut être remise le 24 ou le 25 octobre.

Le 24 octobre, j'eus des nouvelles du général Boyer; ce sont les seules que je reçus, cet officier général n'étant pas revenu à Metz. La dépêche m'était transmise par le prince Frédéric-Charles et envoyée par M. de Bismarck. Voici la traduction de ce document :

« Grand quartier général devant Metz, 24 octobre 1870.

» J'ai l'honneur d'envoyer copie à Votre Excel-
» lence d'un télégramme arrivé à minuit, et dont
» voici la teneur :

*A Son Altesse le prince Frédéric-Charles
pour le maréchal Bazaine.*

« Le général Boyer désire que je vous commu-
» nique le télégramme suivant :

» *L'Impératrice, que j'ai vue, fera les plus
» grands efforts en faveur de l'armée de Metz,
» qui est l'objet de sa profonde sollicitude et de ses
» préoccupations constantes.* »

» Je dois cependant vous faire observer, Monsieur
» le maréchal, que depuis mon entrevue avec M. le
» général Boyer, aucune des garanties que je lui
» avais désignées comme indispensables avant d'en-
» trer en négociation avec la Régence impériale, n'a
» été réalisée, et que l'avenir de la cause de l'Empe-
» reur n'étant nullement assuré par l'attitude de la
» nation et de l'armée française, il est impossible au
» Roi de se prêter à des négociations dont Sa Ma-
» jesté seule aurait à faire accepter les résultats à la
» nation française. Les propositions qui nous arri-
» vent de Londres sont, dans la situation actuelle,
» absolument inacceptables, et je constate, à mon re-
» gret, que je n'entrevois plus aucune chance d'ar-
» river à un résultat par des négociations politiques.

» BISMARCK.

» J'ai l'honneur, M.....,

» *Signé* : FRÉDÉRIC-CHARLES [1]. »

---

[1] *Lettre du roi de Prusse à l'Impératrice Eugénie.*

« Versailles, 25 octobre 1870.

» Madame,

» Le comte de Bernsdorff m'a télégraphié les pa-
» roles que vous avez bien voulu m'adresser.

Le jour même, une nouvelle réunion eut lieu à mon quartier général, pour prendre connaissance de la communication du comte de Bismarck.

Le conseil, désirant être complétement et définitivement édifié sur les intentions du quartier général allemand, pria M. le général Changarnier, ce glorieux vétéran de nos guerres d'Afrique qui, pendant toute cette campagne, a été pour l'armée du Rhin un bel exemple d'abnégation et de bravoure dans les combats, un guide sage et loyal dans les

---

» Je désire de tout mon cœur rendre la paix aux
» deux nations; mais pour y arriver il faudrait d'abord
» établir la probabilité au moins que nous réussissions
» à faire accepter à la France le résultat de nos transac-
» tions sans continuer la guerre contre la totalité des
» forces françaises.

» A l'heure qu'il est, je regrette que l'incertitude
» où nous nous trouvons par rapport aux dispositions
» politiques de l'armée de Metz, autant que de la na-
» tion française, ne nous permette pas de donner suite
» aux négociations proposées par Votre Majesté.

» Guillaume. »

La copie de cette lettre me fut remise par M. le général Boyer, quand il vint me trouver en Allemagne.

conseils, de se rendre auprès du prince Frédéric-Charles pour :

« Demander la neutralisation de l'armée et du
» territoire qu'elle occupe, avec un armistice local
» permettant le ravitaillement nécessaire et offrant
» de faire appel aux députés et aux pouvoirs con-
» stitués en vertu de la constitution de mai 1870,
» pour traiter de la paix entre les deux puissances.

» Dans le cas où ce premier article ne serait pas
» accepté, demander à être interné sur un point du
» territoire français pour y remplir la même mission
» d'ordre.

» Enfin, si on ne peut rien obtenir, demander,
» dans les conditions d'une capitulation qui nous
» serait imposée par le manque de vivres, que l'ar-
» mée puisse être envoyée en Algérie. » (Note remise par moi à M. le général Changarnier.)

En réponse à la demande que je dus faire au prince Frédéric-Charles de recevoir M. le général Changarnier, je reçus la lettre suivante :

« 25 octobre 1870, 7 h. matin.

» J'ai eu l'honneur de recevoir la lettre que Vo-
» tre Excellence m'a adressée hier. Quoique le désir
» exprimé par Votre Excellence de me voir entrer

» en relations avec M. le général Changarnier, pour
» conférer personnellement avec lui, soit dans les
» circonstances actuelles contraire à nos usages
» militaires, je n'en ai pas moins décidé que je me
» rendrais à votre désir, afin d'être agréable à Votre
» Excellence, de donner une marque de mon estime
» à l'illustre général et comme preuve aussi de ma
» considération pour la vaillante armée française.
» J'enverrai aujourd'hui, à onze heures du matin,
» un officier de mon état-major aux avant-postes de
» Moulins-lez-Metz : il se mettra à la disposition
» de M. le général Changarnier et l'accompagnera
» à mon quartier général. (Traduction.)

« *Signé :* FRÉDÉRIC-CHARLES. »

L'illustre général accepta par dévouement cette délicate mission, qui n'eut pas un meilleur résultat que les précédentes.

Il fallut se résigner, parce qu'une tentative de vive force, qui déjà n'avait été considérée que comme un dernier acte de désespoir, aurait été dans les circonstances actuelles un véritable suicide, en offrant à l'ennemi une victoire facile sur une armée épuisée et qui cependant n'avait jamais été vaincue. C'eût été un crime de sacrifier inutilement des milliers d'existences, confiées par la patrie à la responsabilité de chefs éprouvés[1].

Dans la journée du 25, j'envoyai M. le général de Cissey, pour tâcher d'obtenir que la place de

---

[1] *Le général Desvaux au maréchal Bazaine.*

« La Ronde, 24 octobre 1870.

» Je viens de faire savoir aux généraux et aux
» colonels:
» 1° Que les négociations continuent;
» 2° Que le général Changarnier doit se rendre au
» quartier général du prince Frédéric-Charles.
» Mon aide de camp a porté cette communication
» au général Deligny. Il l'a trouvé avec deux officiers
» supérieurs. On a causé de la situation, et la possi-
» bilité d'une sortie les armes à la main a été examinée.
» Le général Deligny, avec l'ardeur qui le caracté-
» rise, a dit:
» Une sortie en ce moment serait un acte criminel;
» ce qui a été approuvé par les deux officiers supérieurs.
» Comme ce langage du général Deligny n'est plus
» en rapport avec celui qu'il a tenu devant moi, il y a
» quelques jours, et dont je vous ai entretenu à la fin
» de la séance du conseil, j'ai tenu à vous le faire con-
» naitre sans retard.

» *Le général commandant la Garde impériale,*
» *Signé :* DESVAUX. »

Metz, demeurant indépendante de l'armée, ne fût pas comprise dans la capitulation, et connaître les conditions que l'ennemi nous offrait. Il lui fut répondu que, le quartier général allemand considérant que la place de Metz serait depuis longtemps tombée sans la présence de l'armée française sous ses murs, on ne pouvait accepter la séparation, et que la convention devait être rédigée par les chefs d'état-major des deux armées.

En conséquence, le conseil, réuni dans la matinée du 26, décida à l'unanimité que M. le général Jarras, chef d'état-major général, serait envoyé au quartier général du prince Frédéric-Charles comme délégué muni de pleins pouvoirs pour arrêter et signer une convention militaire, par laquelle l'armée française, vaincue par la famine, se constituerait prisonnière de guerre.

Le procès-verbal de la séance s'exprime ainsi :

Compte rendu de la conférence du 26 octobre 1870.

Le 26 octobre 1870, sont réunis en conférence, au quartier général, MM. les commandants des corps d'armée et les chefs d'armes spéciales, sous la présidence de S. Exc. le maréchal Bazaine, commandant en chef de l'armée du Rhin, savoir :

» MM. le maréchal Canrobert, commandant le
» 6ᵉ corps ;

» Le maréchal Le Bœuf, commandant le
» 3ᵉ corps ;

» Le général de Ladmirault, commandant
» le 4ᵉ corps ;

» Le général Frossard, commandant le
» 2ᵉ corps ;

» Le général Desvaux, commandant pro-
» visoire de la Garde impériale ;

» Le général Soleille, commandant l'artil-
» lerie de l'armée ;

» Le général Coffinières, commandant su-
» périeur à Metz ;

» L'intendant Lebrun, intendant en chef
» de l'armée ;

» Le général Jarras, chef d'état-major gé-
» néral de l'armée ;

» Le général de Cissey, commandant la
» 1ʳᵉ division du 4ᵉ corps ;

» Le général Changarnier ;

» Le maréchal Bazaine, commandant en
» chef de l'armée.

» La séance est ouverte par le compte rendu de
» la double démarche confiée aux généraux Chan-
» garnier et de Cissey.

» *M. l'intendant Lebrun* déclare ne plus avoir de
» vivres.

» *Le général Desvaux* n'en a plus que pour la
» journée du 27.

» *Le général de Ladmirault* n'a plus de chevaux
» que pour un jour.

» *Le général Frossard* n'en aura plus dans deux
» jours.

» *Le maréchal Le Bœuf* peut encore faire vivre
» son corps d'armée environ quatre jours, mais
» ne possède plus ni riz, ni sel, ni sucre, ni café.

» *Le maréchal Canrobert* fait connaître qu'une
» de ses divisions a encore pour trois jours de
» vivres, une autre pour deux jours, et que la
» troisième n'en a plus.

» *Le général Coffinières* déclare qu'à 300 gram-
» mes par ration, la ville a encore des vivres jus-
» qu'au 1er novembre.

» *Le maréchal Bazaine* propose, en raison du
» mauvais temps, de mettre les hommes à l'abri,
» tant dans les maisons des villages occupés que
» dans la ville de Metz.

» *Le maréchal Le Bœuf* préfère conserver son
» corps d'armée dans les positions où il se trouve.
» Une partie des hommes sont déjà à couvert. Faire
» rentrer les troupes dans Metz serait occasionner
» des désordres.

» *Le général Coffinières* observe que tous les
» bâtiments publics sont déjà occupés. On ne pour-
» rait donc loger une partie de l'armée que dans les
» maisons particulières, et les blessés en occupent
» un grand nombre. Le commandant supérieur
» de Metz déclare également que la place livrée
» à elle-même peut tenir jusqu'au 5 novembre,
» et qu'en raison de son serment il ne peut la re-
» mettre sans avoir été réduit à la dernière extré-
» mité. Il propose que, vu les circonstances, le
» maréchal Bazaine use des pouvoirs que lui con-
» fère l'article 4 du règlement sur le service des
» places.

» *Le maréchal commandant en chef* insiste de
» nouveau pour que, dans les négociations, le sort
» de la ville soit distinct de celui de l'armée.

» *Les membres de la conférence* déclarent que
» la ville doit suivre la fortune de l'armée qui l'a
» protégée jusqu'à ce jour.

» *Le commandant en chef* se range alors à cette
» opinion de la grande majorité.

» *Le général Frossard* soutient qu'il ne peut y
» avoir deux catégories d'armée. Si, le 16 août, on
» eût opéré la retraite, la place aurait été bloquée
» et, vu l'état de ses forts, n'aurait pas tenu au
» delà du 15 septembre, après avoir souffert des
» destructions extérieures. L'armée l'a couverte

» pendant deux mois, l'a sauvée jusqu'ici; la ville
» ne peut donc vouloir continuer la lutte, par cela
» seul qu'elle a encore des vivres. Les ressources
» de la ville doivent être mises en commun.

» *Le général Coffinières* déclare ne pouvoir
» rendre la place sans un ordre du maréchal com-
» mandant en chef.

» *Le général Desvaux* demande le partage des
» vivres de la place avec l'armée, qui a fait sa po-
» sition défensive. La place et l'armée, ayant com-
» battu ensemble, doivent également succomber
» ensemble.

» *Le général Changarnier* reconnaît que les sol-
» dats de l'armée du Rhin sont plus malheureux
» que ceux de Gênes.

» *Le maréchal Le Bœuf et le général de Cissey*
» déclarent que tous les officiers demandent,
» comme justice, le partage des vivres avec la ville.

» *Le général Desvaux* réclame l'égale répartition
» des vivres.

» *L'intendant Lebrun* demande que la place donne
» 90,000 rations pour la journée du 27.

» *Le général Coffinières* s'y oppose, à moins
» d'un ordre formel.

» *Le conseil* décide qu'il sera fait droit à la de-
» mande de l'intendant, qui prendra la direction

» générale des services des subsistances dans la
» ville de Metz.

» *Le général de Ladmirault* demande la rentrée
» en ville des cavaliers démontés.

» *Le général Coffinières* s'oppose à cette mesure,
» qui encombrerait la ville et rendrait la police im-
» possible.

» *Le général Frossard* désire que l'on demande
» qu'un régiment et une batterie puissent se rendre
» en Algérie, avec armes et bagages, sur l'engage-
» ment de ne pas combattre la Prusse, et que les
» officiers conservent leur épée. Le général insiste
» pour le partage des vivres entre la ville et l'ar-
» mée. Il craint qu'une fois la vérité connue, les
» hommes soient moins faciles à contenir.

» *Le général Soleille* pense que l'on doit saisir
» le côté pratique et ne pas oublier que le soldat
» souffre; que, d'autre part, tel que l'on connaît le
» caractère prussien, on n'obtiendra pas de grandes
» modifications à la négociation. La prolonger se-
» rait donc exercer une fâcheuse influence sur le
» soldat. A quoi servira d'avoir fait durer les souf-
» frances du soldat pour arriver à une solution
» fatale? Le général demande donc qu'au nom du
» soldat on se décide à une prompte solution.

» *Le maréchal Le Bœuf* demande que les offi-
» ciers gardent leur épée. Dans le cas où l'ennemi

» n'accorderait cet honneur qu'aux officiers géné-
» raux, il serait refusé, attendu qu'il ne peut y
» avoir de différence entre les maréchaux, les gé-
» néraux et les autres officiers.

» *Le conseil* décide enfin que M. le général Jar-
» ras, comme chef d'état-major de l'armée, se
» rendra auprès du chef d'état-major de l'armée
» allemande pour y régler avec lui les conditions
» définitives qui devront être acceptées par tous les
» membres présents [1].

» Ban-Saint-Martin, 26 octobre 1870. »

---

[1] M. le maire de Metz m'écrivit, le 26 octobre, pour se plaindre de l'ignorance dans laquelle, disait-il, je laissais le conseil municipal de la ville sur les événements qui s'accomplissaient. Ce rôle appartenait au commandant supérieur. Je répondis au maire la lettre suivante :

« Ban-Saint-Martin, 26 octobre 1870.

» Monsieur le maire,

» Je m'empresse de répondre à votre lettre du 26
» octobre et de vous dire que M. le général Coffinières,
» commandant supérieur de la place de Metz, ayant
» assisté à tous les conseils qui ont été tenus au grand
» quartier général, était en mesure d'exposer au con-
» seil municipal la situation actuelle du pays et la mar-
» che des négociations pendantes, dans lesquelles nous

Au rapport du 26 octobre, désirant que l'ennemi ne pût trouver aucune trace de cette mesure, je donnais, verbalement, l'ordre au général commandant l'artillerie de faire réunir, par les soins de son arme, les aigles des régiments pour les dé-

---

» avons toujours cherché à mettre la ville de Metz en
» dehors, afin de lui laisser sa liberté d'action.

» A l'issue de la séance de ce matin, il a été unani-
» mement convenu, par suite des exigences de l'ennemi
» et de la pénurie actuelle des vivres, que la place et
» l'armée devaient subir le même sort.

» En conséquence, M. le général Coffinières a été
» invité à donner au conseil municipal les explications
» nécessaires pour que la ville soit au courant des né-
» gociations, qui ont toujours eu pour but d'améliorer
» la grave situation dans laquelle se trouve le pays,
» but que malheureusement nous n'avons pu atteindre.

» Recevez, Monsieur, etc. »

Le lendemain, le commandant supérieur adressait aux habitants la proclamation ci-dessous :

« Habitants de Metz,

» Il est de mon devoir de vous faire connaître loyale-
» ment notre situation, bien persuadé que vos âmes
» viriles et courageuses seront à la hauteur de ces gra-
» ves circonstances.

» Autour de nous est une armée qui n'a jamais été

poser à l'arsenal, où elles devaient être détruites. Cet ordre fut mal interprété dans un certain nombre de corps, ce dont je ne fus informé que tard dans la journée du 27. Je donnai aussitôt un nouvel ordre par la voie de l'état-major général;

» vaincue et qui s'est montrée aussi ferme devant le
» feu de l'ennemi que devant les plus rudes épreuves.
» Cette armée, interposée entre la ville et l'assiégeant,
» nous a donné le temps de mettre nos forts en état de
» défense et de monter sur nos remparts plus de six
» cents pièces de canon; enfin elle a tenu en échec
» plus de 200,000 hommes.

» Dans la place nous avons une population pleine
» d'énergie et de patriotisme, bien décidée à se défen-
» dre jusqu'à la dernière extrémité.

» Si nous avions du pain, cette situation serait par-
» faitement rassurante; malheureusement il n'en est
» pas ainsi.

» J'ai déjà fait connaître au conseil municipal que,
» malgré les perquisitions faites par les autorités civiles
» et militaires, nous n'avions de vivres assurés que
» jusqu'au 28 octobre.

» De plus, notre brave armée, déjà si éprouvée par
» le feu de l'ennemi, puisque 42,000 hommes en ont
» subi les atteintes, souffre horriblement de l'inclé-
» mence exceptionnelle de la saison et des privations
» de toutes sortes. Le conseil de guerre a constaté ces

malheureusement on avait alors perdu des moments précieux.

Sur ces entrefaites, je chargeai le général Jarras, qui retournait auprès du chef d'état-major allemand, de faire observer à ce dernier que les aigles

---

» faits, et M. le maréchal commandant en chef a donné
» l'ordre formel, comme il en a le droit, de verser
» une partie de nos ressources à l'armée. Cependant,
» grâce à nos économies, nous pouvons résister encore
» jusqu'au 30 courant, et notre situation ne se trouve
» pas modifiée.

» Jamais, dans les fastes militaires, une place de
» guerre n'a résisté jusqu'à épuisement aussi complet
» de ses ressources et n'a été aussi encombrée de blessés
» et de malades. Nous sommes donc condamnés à
» succomber, mais ce sera avec honneur, et nous ne
» serons vaincus que par la faim.

» L'ennemi, qui nous investit péniblement depuis
» plus de soixante-dix jours, sait qu'il est près d'atteindre
» le but de ses efforts; il demande la place et
» l'armée, et n'admet pas de séparation de ces deux
» intérêts. Quatre ou cinq jours de résistance désespérée
» n'auraient d'autre résultat que d'aggraver la situation
» des habitants. Tous peuvent d'ailleurs être bien
» convaincus que leurs intérêts privés seront défendus
» avec la plus vive sollicitude.

» Sachons supporter stoïquement cette grande inforn'existaient plus; qu'à la nouvelle du changement de gouvernement elles avaient été retirées aux troupes, comme c'était d'ordre, et déposées à l'arsenal, où elles avaient dû être détruites.

Le général Jarras revint dans la nuit du 27 au 28, avec la convention signée; il n'avait pas réussi, en ce sens que, le 28 au matin, il reçut une lettre du général de Stiehle se refusant à admettre la raison avancée et remettant tout en question. Les drapeaux étaient à l'arsenal, j'envoyai l'ordre d'en suspendre la destruction. J'ai préféré accepter la responsabilité d'une situation profondément regrettable, mais involontaire, à celle des affreux malheurs dont l'armée et les habitants se seraient trouvés menacés par suite du manquement à la convention signée, à celle de faire perdre à la ville de Metz les immenses avantages qui lui étaient accordés par l'appendice à la capitulation.

La convention signée par les chefs d'état-major

» tune, et conservons le ferme espoir que Metz, cette » grande et patriotique cité, restera à la France!

» Metz, le 27 octobre 1870.

» *Le général commandant supérieur,*

» *Signé :* Coffinières. »

des deux armées, dans la soirée du 27 octobre, au château de Frescaty, devait être exécutée le 29, à midi.

Le 28, le conseil de guerre fut réuni une dernière fois pour entendre la lecture de ce document et se prononcer sur sa teneur. Voici le procès-verbal de la séance :

Conseil de guerre du 28 octobre 1870.

« Le 28 octobre, à huit heures et demie du ma-
» tin, étaient réunis en conseil, sous la présidence
» de S. Exc. le maréchal Bazaine, à son quartier général,
» MM. les commandants des corps d'armée,
» le chef supérieur de l'artillerie et celui du génie,
» ce dernier commandant supérieur de la place de
» Metz :

» Le maréchal Canrobert, 6e corps ;

» Le maréchal Le Bœuf, 3e corps ;

» Le général de Ladmirault, 4e corps ;

» Le général Frossard, 2e corps ;

» Le général Desvaux, Garde impériale ;

» Le général Soleille, chef de l'artillerie ;

» Le général Coffinières, commandant supérieur
» de la place ;

» Le général de Forton ;

» Le général Changarnier,

» à l'effet d'entendre la lecture de la convention
» signée, le 27 octobre 1870, à dix heures du soir,
» au château de Frescaty, près de Metz, par M. le
» général chef d'état-major de l'armée, muni à
» cet effet des pleins pouvoirs de M. le maré-
» chal Bazaine et de tous les membres du conseil,
» lesquels lui ont été conférés dans la séance du
» 26 octobre, au matin.

» Le général Jarras a fait la lecture dudit docu-
» ment, ainsi que de l'appendice qui y est joint,
» et après des explications qui ont été demandées et
» données sur la portée et l'interprétation de quel-
» ques articles, le conseil a reconnu que son man-
» dataire avait usé des larges instructions qu'il
» avait reçues, d'une manière aussi satisfaisante
» que le comportait la situation de l'armée, et il a
» donné son approbation au protocole et à son
» annexe.

» Ban-Saint-Martin, 28 octobre 1870. »

Nous n'acceptâmes pas les honneurs militaires, qui consistent à passer devant l'ennemi, musique en tête et étendards déployés, puis à déposer les armes après avoir défilé. Qui de nous, en effet, dans l'armée du Rhin, eût supporté patiemment un pareil honneur, dans une telle situation morale ? Jadis, c'était un moyen de rendre hommage à la vaillance de troupes pour la plupart mercenaires ; mais pour les armées nationales, où chaque soldat, partie du grand tout que l'on appelle patrie, ressent lui-même les injures faites à cette patrie, c'est là une humiliation nouvelle. C'est ainsi que nous l'avons compris. D'ailleurs, les officiers n'auraient pas alors conservé leurs épées, hommage réel rendu à la troupe dans la personne de ses chefs. La question des épées laissa de nouveau tout en suspens, le conseil ayant décidé, à juste titre, qu'elle serait une condition expresse, et le chef d'état-major prussien ne se croyant pas autorisé à l'accorder. Ce n'est que le 28 au matin, que le général de Stiehle informa le général Jarras de l'acceptation de cette clause, après en avoir référé à Versailles, au grand quartier général allemand.

L'armement et le matériel furent déposés dans les forts et les arsenaux, comme si l'armée avait été licenciée.

Le 29 octobre, je sortis des lignes françaises, à trois heures, et me rendis au château de Corny, quartier général du prince Frédéric, pour me constituer prisonnier.

Le prince, au moment où je le quittai, me transmit l'ordre, qui venait d'arriver à l'instant de Versailles, me dit-il, de me rendre dans la ville de Cassel.

En me séparant de cette brave armée, qui a toujours été un modèle de discipline et de loyauté, je lui adressai l'ordre du jour ci-après, faible expression de ma reconnaissance pour son patriotisme et pour les solides qualités militaires dont elle avait donné tant de preuves pendant les plus tristes périodes de la campagne :

« A l'armée du Rhin !

» Vaincus par la famine, nous sommes con-
» traints de subir les lois de la guerre en nous con-
» stituant prisonniers.

» A diverses époques de notre histoire militaire,
» de braves troupes, commandées par Masséna,
» Kléber, Gouvion Saint-Cyr, ont éprouvé le
» même sort, qui n'entache en rien l'honneur mili-
» taire, quand, comme vous, on a aussi glorieuse-
» ment accompli son devoir jusqu'à l'extrême li-
» mite humaine.

» Tout ce qu'il était loyalement possible de faire
» pour éviter cette fin a été tenté et n'a pu aboutir.

» Quant à renouveler un suprême effort pour
» briser les lignes fortifiées de l'ennemi, malgré
» votre vaillance et le sacrifice de milliers d'exis-
» tences qui peuvent encore être utiles à la patrie,
» il eût été infructueux par suite de l'armement
» et des forces écrasantes qui gardent et appuient

» ces lignes ; un désastre en eût été la conséquence.

» Soyons dignes dans l'adversité, respectons les
» conventions honorables qui ont été stipulées, si
» nous voulons être respectés comme nous le mé-
» ritons. Évitons surtout, pour la réputation de
» cette armée, les actes d'indiscipline, comme la des-
» truction des armes et du matériel, puisque,
» d'après les usages militaires, places et armement
» doivent faire retour à la France, lorsque la paix
» est signée.

» En quittant le commandement, je tiens à expri-
» mer aux généraux, officiers et soldats, toute ma
» reconnaissance pour leur loyal concours, leur
» brillante valeur dans les combats, leur résigna-
» tion dans les privations, et c'est le cœur navré
» que je me sépare de vous.

» Ban-Saint-Martin, 28 octobre 1870. »

Jamais armée n'a été appelée à supporter de plus
rudes épreuves que celle que j'ai eu l'honneur de
commander[1]. Soumise, dès le début de la campagne,

---

[1] Voir aux Pièces justificatives, note E. Dans cette note a été réunie une série de documents qui n'auraient pu trouver place dans le corps du récit sans l'allonger considérablement. Le lecteur y trouvera des renseignements utiles et intéressants. (*Note de l'auteur.*)

à l'impression toujours dissolvante des insuccès et des revers, elle livra glorieusement quatre grandes batailles en quinze jours ; victime d'une préparation trop incomplète de la guerre, elle dut perdre le fruit de la bataille de Rezonville (16 août) ; plus tard, le nombre de ses ennemis triompha seul de sa bravoure et de sa ténacité.

Puis vinrent les privations sans nombre, le mauvais temps, le triste spectacle des 18,000 blessés et malades, les épouvantables nouvelles. Le soldat donna alors le plus bel exemple de discipline et de courage moral.

L'armée du Rhin, qui comptait 42,462 tués, blessés ou disparus, parmi lesquels 26 généraux et 2,097 officiers, après vingt jours d'une pluie froide, pénétrante, continue[1], fut vaincue par la faim en présence d'un ennemi qui jamais, depuis le jour de l'investissement, n'avait osé l'attaquer et qu'elle avait contraint à immobiliser autour d'elle de nombreuses légions pendant plus de deux mois.

Je ne saurais terminer ce récit des douloureuses épreuves que nous avons subies en commun, sans offrir encore une fois l'expression de ma profonde et cordiale reconnaissance à tous ceux qui furent

---

[1] La pluie n'a pas discontinué depuis le 8 octobre. (*Note de l'auteur.*)

mes camarades et mes frères d'armes à l'armée du Rhin, à ceux qui ont été dans ces cruelles épreuves mes principaux collaborateurs.

Le patriotisme véritable de ces chefs, tout en admirant la grandeur du sacrifice que s'imposait la France pour prolonger la lutte, ne put s'illusionner sur son résultat, ni sur le désordre profond dans lequel notre malheureux pays allait être plongé.

Ils avaient prévu l'avenir, lorsqu'ils pensaient que l'armée enfermée dans Metz, seul et réel représentant des forces militaires de la France, régulièrement constituées, devait être appelée à sauvegarder la société.

Oui, les soldats de l'armée du Rhin, si rudement éprouvés, puis mis à l'écart et oubliés d'abord dans la distribution des récompenses et des avancements désordonnés que nous avons vus, ont enfin repris leur place à la tête de l'armée française, en contribuant, comme ils l'ont fait, pour une part si considérable au triomphe de l'ordre sur l'anarchie. Aussi braves, aussi disciplinés contre l'ennemi intérieur que contre l'étranger, ils ont acquis des titres impérissables à l'estime et au respect de tous les honnêtes gens.

Quant à moi, une période de quarante années d'existence militaire, passée presque en entier hors du territoire de la mère patrie, m'a rendu étranger aux partis politiques qui divisent mon pays, à la volonté duquel, et à elle seule, j'appartiens.

J'attends avec confiance le jugement de l'histoire.

Le journal *le Figaro*, dans son numéro du 30 mars 1872, rendant compte du procès du général Trochu, fait dire à M. le maréchal de Mac-Mahon ces mots :

« J'avais été nommé commandant de l'armée de
» Châlons, et j'étais sous les ordres du maréchal
» Bazaine, que je devais rejoindre. J'envoyai un de
» mes aides de camp pour prendre des instructions. »

J'ai su effectivement, depuis ma rentrée en France, que M. le maréchal de Mac-Mahon avait envoyé vers moi, le 18 août, un de ses officiers, qui n'avait pas dépassé Verdun. C'est là un fait trop important pour que je ne l'établisse pas dans son entier; car je n'ai jamais reçu, étant à l'armée du Rhin, aucun officier du maréchal.

FIN.

PIÈCES JUSTIFICATIVES

PIÈCES JUSTIFICATIVES

NOTE A.

ÉTAT GÉNÉRAL

DES

OFFICIERS, SOUS-OFFICIERS ET SOLDATS TUÉS, BLESSÉS OU DISPARUS

DEPUIS LE 2 AOUT JUSQU'AU 28 OCTOBRE 1870

appartenant aux différents corps qui composaient l'Armée du Rhin proprement dite.

Garde impériale,
2e, 3e, 4e, 5e, 6e corps d'armée,
Divisions de réserve de cavalerie,
Réserve générale d'artillerie,
Réserve générale du génie, etc.

ÉTAT GÉNÉRAL DES OFFICIERS, SOUS-OFFICIERS ET SOLDATS TUÉS, BLESSÉS OU DISPARUS.

DATES des COMBATS.	DÉSIGNATION des BATAILLES OU COMBATS.	GÉNÉRAUX				OFFICIERS				TROUPES				TOTAUX.	NOMS DES GÉNÉRAUX TUÉS, BLESSÉS OU DISPARUS.
		tués.	blessés.	disparus.	TOTAL.	tués.	blessés.	disparus.	TOTAL.	tués.	blessés.	disparus.	TOTAL.		
2 août.	Combat de Sarrebrück.	»	»	»	»	2	»	»	2	4	67	»	71	73	**COMBAT DE SPICKEREN.** *Tué :* Général de brigade DOENS. *Disparu :* Général de brigade POUGET.
6 août.	Combat de Spickeren.	1	»	1	2	37	166	44	247	283	1,494	2,052	3,829	4,078	
14 août.	Combat de Borny.	»	5	»	5	42	154	1	197	335	2,484	589	3,408	3,610	**COMBAT DE BORNY.** Maréchal BAZAINE ; général de division DECAEN, commandant le 3ᵉ corps (mort des suites de sa blessure) ; *Blessés :* généraux de division de CASTAGNY, DE CLEREMBAULT; général de brigade DUPLESSIS.
16 août.	Bataille de Rézonville.	3	2	1	6	144	595	92	831	1,215	9,523	5,379	16,117	16,954	
18 août.	Défense des lignes d'Amanvillers.	»	5	1	6	88	391	110	589	1,056	6,313	4,309	11,678	12,273	**BATAILLE DE RÉZONVILLE.** *Tués :* Général de division LEGRAND; généraux de brigade BRAYER, DE MARGUENAT. *Blessés :* Général de division BATAILLE; général de brigade LETELLIER-VALAZÉ. *Disparu :* Général de brigade DE MONTAIGU.
31 août. 1ᵉʳ sept.	Bataille de Ste-Barbe.	»	4	»	4	29	109	4	142	286	2,382	733	3,401	3,547	
22 sept.	Opération sur Lauvallier.	»	»	»	»	»	4	»	4	3	28	»	31	35	
23 sept.	Opérations sur Vany et Thieulles.	»	»	»	»	1	2	»	3	5	61	2	68	71	**DÉFENSE DES LIGNES D'AMANVILLERS.** *Blessés :* Généraux de brigade DE GOLBERG, HENRY, BELLECOURT, COLIN, PRADIER. *Disparu :* Général de brigade PLOMBIN.
27 sept.	Opérations sur Mercy, Peltre et Ladonchamps.	»	»	»	»	2	9	»	11	42	311	19	372	383	
1ᵉʳ oct.	Opération sur Lessy.	»	»	»	»	»	1	»	1	9	65	3	77	78	
2 oct.	Prise de Ladonchamps et opération sur le châlet Billaudel.	»	»	»	»	2	7	»	9	»	»	»	»	»	**BATAILLE DE SAINTE-BARBE.** Général de division MONTAUDON; généraux de brigade OSMONT, LAFAILLE, *Blessés :* MANÈQUE (mort des suites de sa blessure).
6 oct.	Attaque de Lessy par les Prussiens.	»	»	»	»	»	»	»	»	1	6	»	7	7	
7 oct.	Combat des Tapes, Bellevue et Saint-Remy.	»	3	»	3	11	50	»	61	90	981	122	1,193	1,257	**COMBATS DES TAPES, BELLEVUE, SAINT-REMY.** *Blessés :* Généraux de brigade de CHANALEILLES, GARNIER, GIRON (mort des suites de sa blessure).
	TOTAUX.	4	19	3	26	358	1,488	251	2,097	3,343	23,788	13,208	40,339	42,462 (1)	

(1) Dans une brochure intéressante publiée d'après les documents du quartier général du prince Frédéric-Charles, l'auteur, un général allemand, déclare que dans toute la campagne, jusqu'au jour de la capitulation, l'armée du Rhin ne laissa entre les mains de l'ennemi que 6,000 prisonniers. Si l'on compare ce chiffre au total des généraux, officiers, sous-officiers et soldats disparus, 13,568, on constate qu'un grand nombre de ces disparus doivent être comptés parmi les morts. Ceci s'explique par l'obligation dans laquelle nous avons constamment été de nous retirer en arrière du champ de bataille, le lendemain matin.

NOTE B.

N° 1.

Le général de Ladmirault au maréchal Bazaine.

Le Sansonnet, 20 août.

Par votre lettre du 20 août, n° 100, vous m'invitez à vous faire connaître les conditions dans lesquelles se trouve le 4ᵉ corps d'armée.

Je regarde à peu près comme intactes les conditions matérielles qui peuvent constituer un corps d'armée, c'est-à-dire que le 4ᵉ corps possède encore tous ses canons. Il manque bien quelques chevaux d'attelage ; mais la réduction du convoi, qui est trop lourd, permettrait de fournir les remplacements nécessaires. Les hommes possèdent leurs armes, qui sont en bon état. Leurs effets sont bons et peuvent résister encore. Les trois brigades qui ont perdu leurs effets de campement sont à peu près pourvues de bissacs, de couvertures et de tentes-abri, elles peuvent ainsi bivouaquer et emporter leurs cartouches. L'état sanitaire est bon : les maladies n'ont pas encore envahi la masse des troupes, et un jour de repos remettrait les plus fatigués. Quant aux conditions morales, je pense qu'on peut compter sur le patriotisme et le courage de la grande majorité pour faire face au danger de la situation.

Le corps d'officiers ne laisse rien à désirer, mais

beaucoup ont succombé dans les divers combats qui ont eu lieu. Cependant on peut encore pourvoir chaque compagnie d'un officier. Bien des généraux et des colonels manquent, par suite des pertes éprouvées dans les journées des 14, 16 et 18 août ; mais chaque brigade possède encore un colonel pour la commander.

En somme, je regarde le 4ᵉ corps comme en mesure de tenter un effort suprême en prenant la résolution de ne faire qu'un usage modéré des munitions. Une disposition qui relèverait singulièrement le moral de tous, ce serait de pourvoir à toutes les vacances d'officiers supérieurs et de tous grades.

Le général commandant le 4ᵉ corps,
Signé : DE LADMIRAULT.

N° 2.

Le maréchal Canrobert au maréchal Bazaine.

Sous Metz, 20 août.

Votre Excellence veut bien me demander, à la date de ce jour, un rapport confidentiel sur la situation matérielle, physique et morale de mon corps d'armée. Je m'empresse de satisfaire à sa demande.

Le 6ᵉ corps, organisé au camp de Châlons, était encore en voie de formation, lorsque des ordres et des contre-ordres, en l'appelant tantôt en avant, tantôt en arrière, ont en définitive amené un morcellement dans les divers éléments qui le composent. Les 1ʳᵉ, 3ᵉ et 4ᵉ divisions d'infanterie ont pu être réunies sous Metz, les 1re et 3e avec leur artillerie et leur génie, et la 4e dépourvue de ces armes. La division de cavalerie, la réserve d'artillerie, six batteries divisionnaires, la réserve, ainsi que le parc du génie, sont encore au camp de Châlons avec les trois quarts de la 2e division d'infanterie. Quant aux services administratifs, ils n'étaient pas prêts à notre départ du camp ; aussi sommes-nous dépourvus de transports réguliers, des services divisionnaires et d'une partie des ambulances. Les chefs de l'artillerie, du génie et de l'administration sont également restés au camp, empêchés de nous rejoindre à Metz, par suite de l'interruption des communications.

Malgré ces conditions défavorables, la partie du 6e corps qui est ici, sous ma main, s'est présentée aux batailles des 16 et 18 août avec une solidité dont j'ai eu à vous rendre un compte avantageux. A la suite de ces deux journées, où le 6e corps a éprouvé de grandes pertes, plusieurs régiments sont privés de chefs et d'officiers supérieurs, plusieurs compagnies n'ont plus d'officiers, ce qui naturellement atténue leurs forces. Un assez grand nombre d'officiers ont perdu leurs bagages et beaucoup de soldats leurs sacs, ce qui constitue une situation gênante. Toutefois le moral des officiers et des généraux encore présents, et celui de la troupe, surtout depuis qu'elle a reçu des munitions et des vivres, m'inspirent une grande confiance.

Le maréchal commandant le 6e corps,
Signé : CANROBERT.

N° 3.

Le général Bourbaki au maréchal Bazaine.

Le Sansonnet, 21 août.

J'ai l'honneur de rendre compte à Votre Excellence, en réponse à sa dépêche du 20 de ce mois, n° 100, que les troupes de la Garde impériale se trouvent dans d'excellentes conditions matérielles, physiques et morales. Les munitions d'infanterie et d'artillerie sont au complet et en parfait état de conservation. Les armes sont bien entretenues et les réparations s'exécutent chaque fois que les corps stationnent. Sauf quelques effets et ustensiles de campement et de linge et chaussures, dont l'état sera envoyé aujourd'hui même, les hommes sont pourvus de tout ce qui est nécessaire pour assurer leur campement. Les vêtements sont en très-bon état, ainsi que les chaussures. La nourriture est abondante et saine, les distributions régulières, les ordinaires bien entretenus. L'état sanitaire des hommes est bon ; à peine signale-t-on quelques dérangements causés par l'abus de fruits verts. Celui des chevaux n'est pas moins satisfaisant, bien que l'alimentation, réduite généralement à l'avoine, soit un peu échauffante. Il est bien à désirer que l'on puisse distribuer de temps en temps du foin ou d'autres fourrages.

Le moral de nos troupes d'élite est celui que l'on doit attendre d'elles. Leur plus grand désir est de se mesurer avec l'infanterie prussienne; elles ne doutent pas du succès. Malheureusement les pertes éprouvées par la Garde, dans les journées des 16 et 18 août, ont réduit les effectifs de 138 officiers et de 2,926 soldats. Il serait regrettable de les laisser diminuer encore, et Votre Excellence appréciera sans doute l'urgence de donner suite à ma demande de contingents de la ligne pour les corps de la Garde.

Le général commandant la Garde impériale,

Signé : BOURBAKI.

N° 4.

Le général Frossard au maréchal Bazaine.

Ban-Saint-Martin, 21 août.

J'ai l'honneur d'adresser à Votre Excellence le rapport qu'elle me demande par sa dépêche n° 100.

1° Le 2° corps a conservé toute son artillerie, moins un certain nombre de chevaux. Les caissons ont été réapprovisionnés. Les fusils ne sont pas en très-bon état, parce que les soldats ont perdu avec leurs sacs les nécessaires d'armes; mais ils n'en sont pas moins disponibles pour un bon service. La perte la plus sensible a été celle des effets et ustensiles de campement; le 6 août, la plupart des régiments avaient été forcés d'abandonner leurs camps et y avaient laissé tous ces objets. Depuis, ils avaient pu se procurer quelques marmites, bidons et gamelles. Le 16, la panique, causée par la retraite précipitée de la division de cavalerie de Forton, a fait perdre de nouveau des ustensiles de campement. Les hommes ne peuvent plus faire la soupe et le café qu'en se repassant, d'une compagnie à l'autre, les quelques marmites qui restent. Cette situation est très-fâcheuse, elle rend le soldat triste, mécontent, sans que toutefois il se plaigne ;

2° Malgré les fatigues éprouvées par ces troupes, qui, depuis le 6 août, ont combattu quatre fois et ont presque constamment marché, l'état sanitaire, sauf quelques dyssenteries, est bon ;

3° Le moral et la discipline ont subi quelques légères atteintes. Les régiments ont éprouvé de très-nombreuses pertes, le 8° de ligne entre autres est commandé par un capitaine. Beaucoup de compagnies n'ont plus un seul officier. De ce manque de cadres, résulte un défaut de direction et d'ensemble. Les soldats, à la première alerte, sont disposés à regarder derrière eux, sans qu'il y ait assez d'efforts pour les maintenir. Le lien s'est évidemment détendu, sans que l'on puisse dire cependant que la troupe soit démoralisée ; elle aurait besoin seulement de se refaire et de reprendre la confiance en elle-même, qui en ce moment me semble un peu altérée.

Le général commandant le 2° corps,

Signé : FROSSARD.

N° 5.

Le maréchal Le Bœuf au maréchal Bazaine.

Plappeville, 21 août.

Votre Excellence me fait demander l'état matériel, physique et moral du 3° corps. Je m'occupe de réunir les documents de ce rapport.

L'artillerie a complété ses approvisionnements. La troupe est alignée à deux jours de vivres de campagne, et il en existe trois en réserve dans les divisions. Les distributions se font régulièrement. L'état sanitaire se maintient, malgré la fraîcheur des nuits et l'accumulation des troupes sur un espace resserré. L'état moral est excellent, surtout chez le soldat : les officiers, très-dévoués et très-braves au feu, sont naturellement un peu enclins à la critique, mais sans aigreur, chacun d'eux ayant son plan de campagne.

L'ordre général que vous m'avez adressé ce matin, et que j'ai donné ordre de faire lire dans les camps, fera certainement la meilleure impression.

Le 3° corps a perdu environ 4,000 hommes, tués, blessés ou disparus, dans les affaires des 14, 16 et 18 courant. Il reste au 3° corps un effectif d'environ 40,000 hommes. J'aurai l'honneur de vous donner tous les chiffres, dès que je les aurai reçus.

Le maréchal commandant le 3° corps,

Signé : LE BOEUF.

NOTE C.

N° 1.

Le général Coffinières au maréchal Bazaine.

Metz, 7 octobre 1870.

Je dois informer Votre Excellence de la situation des ressources, en vivres, de la ville de Metz, et des magasins de la place.

Les autorités civiles me déclarent qu'elles n'ont du blé que pour *dix* jours.

Les magasins de la place ne renferment plus, depuis ce matin, que 832,479 rations de pain; or le nombre des rationnaires étant de 160,000, nous n'avons plus de pain que pour *cinq* jours.

Si Votre Excellence jugeait à propos de réduire la ration de pain à 300 grammes, nous pourrions vivre encore huit jours, en portant d'ailleurs la ration de viande à 1,000 grammes. Je suis forcé, à mon grand regret, de mettre en consommation la réserve des forts.

Il faut ajouter que la ville consomme environ 350

quintaux par jour. La fusion de ses ressources avec les nôtres pourrait, tout au plus, faire gagner un jour. Le 3° corps possède environ 200 quintaux de farine.

Le général commandant supérieur,

Signé : Coffinières.

N° 2.

SITUATION DES RESSOURCES

A LA DATE DU 9 OCTOBRE AU SOIR

CALCUL BASÉ SUR UN EFFECTIF DE 180,000 HOMMES

ARMÉE ET GARNISON

La récapitulation des ressources en pain, biscuit, blé et farine donne quatre jours quatre dixièmes, soit pour les 10, 11, 12 et 13 octobre, plus quatre dixièmes de jour.

SITUATION DES RESSOURCES A LA DATE DU 9 OCTOBRE AU SOIR.

	NOMBRE DE RATIONS.									TOTAL DES RATIONS.	TAUX DE LA RATION.	JOURS D'APPROVI-SIONNEMENT. (1)	OBSERVATIONS.
	METZ.	2ᵉ CORPS.	3ᵉ CORPS.	4ᵉ CORPS.	6ᵉ CORPS	GARDE IMPÉRIALE.	RÉSERVE de CAVALERIE	RÉSERVE D'ARTIL-LERIE.	GRAND QUARTIER GÉNÉRAL.				
Pain............	79,858	"	"	"	"	"	"	"	"	79,858	"	0 jour 4/10ᶜˢ.	(1) Non compris les quantités qui se trouvent dans les sacs des hommes.
Biscuit..........	68,000	4,629	68,600	5,863	"	24,073	2,133	"	9,209	182,507	300 grammes.	1 jour.	
Blé tendre (converti en farine).........	200,700	"	"	"	"	"	"	"	"	200,700	"	1 jour 1/10ᵉ.	
Farine (y compris les forts).	348,700	"	"	"	"	"	"	"	"	348,700	"	1 jour 9/10ᵉˢ.	
Riz............	33,533	131,366	615,900	119,700	7,132	152,069	25,750	4,099	289,109	1,378,658	30 grammes.	7 jours 6/10ᵉˢ.	
Sel............	93,600	"	673,300	"	1,800	296,353	13,750	"	65,000	1,139,803	2 grammes 5 c.	6 jours 3/10ᵉˢ.	
Sucre...........	547,285	116,295	548,700	130,688	20,000	178,715	15,845	4,580	121,533	1,683,600	21 grammes.	9 jours 5/10ᵉˢ.	
Café............	202,360	115,737	694,600	128,212	10,096	135,003	18,607	4,134	134,575	1,443,324	19 grammes.	8 jours.	
Vin.............	1,134,000	22,608	24,000	"	"	11,629	2,070	"	15,572	1,210,479	25 centilitres.	7 jours.	
Eau-de-vie......	2,080,000	40,524	54,500	24,742	"	37,057	7,254	"	30,536	2,283,883	6 centilitres 25 c.	12 jours.	
Lard salé........	67,550	28,370	11,860	1,310	26,450	21,500	2,240	754	5,600	165,007	200 grammes.	0 jour 9/10ᵉˢ.	

Pour l'intendant en chef :
Le sous-intendant militaire chargé des subsistances.
(Signature illisible.)

N° 3.

Note sur la situation des ressources à la date du 9 octobre 1870.

VIVRES.

Les ressources existantes en pain, biscuit, farine et blé, y compris les réserves qui ont été données aux troupes, ne permettent d'assurer la subsistance de toute l'armée, avec la garnison de Metz, que jusqu'au 16 courant environ, en maintenant, pour la consommation du pain et du biscuit, la ration journalière au taux de 300 grammes, fixé par la décision du 8 octobre[1] de M. le maréchal commandant en chef, et en utilisant les farines qui sont dans les forts et représentant à peu près les besoins de deux jours pour toute l'armée, au taux actuel de la ration. Les ressources ne sont pas susceptibles de recevoir un accroissement, si les renseignements officieux recueillis sur la situation dans la ville de Metz sont exacts. De ces renseignements, un peu plus favorables que ceux donnés par la municipalité, il résulterait, en effet, qu'à la date de ce jour il n'y aurait de disponible, en blé et farine, que 6,500 à 7,000 quintaux, ce qui ne représente pour la

---

[1] Dans la pièce originale, on lit : 8 *septembre;* j'ai cru devoir rectifier, dans le texte, cette erreur de plume de M. l'intendant en chef.
(*Note de l'auteur.*)

population de la ville, évaluée à 75,000 habitants, que seize à dix-huit jours de vivres, à la ration de 500 grammes et en maintenant le taux actuel du blutage des farines.

Il résulte de là, qu'à la date du 16, époque à laquelle les ressources de l'armée seront épuisées, la ville n'aura plus pour sa population que neuf à onze jours de vivres. Si donc on appliquait alors les ressources restant en ville à la fois à l'armée et à la population, l'armée ayant 180,000 rationnaires et la population 75,000, on n'aurait que trois jours pour l'ensemble, à 500 grammes, ou cinq jours, à 300 grammes.

En renonçant au blutage des farines et en fabriquant le pain avec la boulange obtenue au premier tour de meule, on pourrait gagner un peu de temps; mais pour que cela fût possible et donnât deux ou trois jours, il faudrait que la mesure fût appliquée sans retard.

La situation des ressources dans les corps d'armée étant notablement différente, le moment paraît venu d'établir un équilibre, au moins en ce qui concerne les denrées dont il n'existe plus dans les magasins de Metz qu'une quantité déjà insignifiante pour les besoins de la place. Cela s'applique surtout au riz et au sel, et peut s'étendre au sucre et au café, dont certains corps ont un excédant inutile. Les ressources en vin, qui représentent les besoins de sept jours, pour toute l'armée, permettent de faire des distributions extraordinaires aux troupes, soit en cas de mauvais temps, soit en toute autre circonstance.

FOURRAGES.

Il n'y a plus dans les magasins de la ville de Metz que 451 quintaux de paille, qui sont réservés pour le service des ambulances. Les distributions ne peuvent être assurées qu'au moyen de réserves insignifiantes, existant dans les corps d'armée.

Le 3° corps devrait disposer, d'après sa situation, de 50,000 rations environ; mais il a fait connaître, le 9 au soir, qu'il ne lui restait plus rien. Du reste, la répartition, entre les corps d'armée, de cette ressource, dont la composition est inconnue, serait sans résultat utile; réservée où elle est, elle assure la conservation d'un certain nombre de chevaux pour l'alimentation, quand les autres auront disparu.

Ban-Saint-Martin, 16 octobre.

L'intendant en chef de l'armée,

Signé : LEBRUN.

N° 4.

Le général Coffinières au maréchal Bazaine.

Metz, 17 octobre.

J'ai l'honneur de rendre compte à Votre Excellence que nous sommes parvenus à assurer la distribution de pain, le 17 au soir, pour la journée du 18.

Nos ressources sont complétement épuisées, les forts eux-mêmes n'ont plus que six à sept jours de vivres.

J'avais écrit, dans ma lettre confidentielle du 8 octobre, que j'espérais pouvoir assurer la distribution jusqu'au 20 octobre, comme limite extrême, et en comptant pour deux jours les vivres de campagne que les hommes ont dans leurs sacs.

Monsieur l'intendant général doutait sérieusement de ce résultat, que nous avons été assez heureux d'atteindre.

Mais je dois déclarer qu'à partir *du 17 au soir* je suis dans l'impossibilité absolue de livrer de la farine. Ce ne serait plus que par la violence que l'on arracherait aux habitants le peu de provisions qu'ils possèdent encore, et je ne saurais assumer une pareille responsabilité.

En conséquence, je vais faire afficher dans la ville, qu'à partir de demain 18, tous les vivres qui peuvent encore s'y trouver sont exclusivement réservés pour la garnison, pour les malades et pour les habitants, qui seront rationnés comme la troupe.

A dater du même jour, les portes de la place ne resteront ouvertes que de sept heures du matin à quatre heures du soir.

Les corvées de l'armée devraient être réduites au strict nécessaire, on ne pourra d'ailleurs leur donner que du vin, alterné de jour en jour avec de l'eau-de-vie, le café et le sucre, dont la ration devrait être réduite à 8 grammes.

Le général commandant supérieur,

Signé : Coffinières.

NOTE D.

N° 1.

Le docteur Grellois au maréchal Bazaine.

Metz, 24 septembre.

J'ai eu l'honneur d'adresser hier à M. le général de division commandant supérieur de la place de Metz un rapport sur la situation sanitaire de nos hôpitaux et ambulances, et sur différentes questions étrangères à la dépêche de Votre Excellence en date de ce jour. Voici les points du rapport qui touchent le plus directement à l'objet de cette dépêche.

Une amélioration sensible se manifeste dans l'état sanitaire de la place de Metz, au point de vue de la gravité des maladies.

Les affections typhoïdes, qui règnent à peu près également partout, entraînent aujourd'hui la plus grande mortalité, sans qu'il y ait cependant rien d'excessif, et d'ailleurs elles offrent une tendance manifeste à diminuer.

L'ambulance des magasins d'artillerie du Fort-Moselle, qui isole les typhiques dans un compartiment séparé des autres malades et en a formé un service spécial, compte aujourd'hui 48 individus atteints d'affections indécises, présentant des caractères intermédiaires entre le typhus et la fièvre typhoïde ; 5 malades y sont morts depuis deux jours ; mais cette proportion, qui est considérable, ne se maintiendra pas, tout le fait espérer. Cette ambulance ne renferme que des fiévreux ; celles qui sont occupées par des blessés présentent moins de ces états typhiques, que je considère comme le fâcheux de notre situation. Pas de véritable typhus.

De nombreux dyssentériques sont aussi atteints dans nos ambulances ; mais ces affections, passant aisément à l'état de diarrhée simple, guérissent plus facilement, sous l'influence d'un traitement approprié et de conditions hygiéniques moins défavorables que celles auxquelles les malades étaient soumis. Les diarrhées, soit primitives, soit consécutives à la dyssenterie, prédominent toujours, et je suis disposé à croire, avec quelques médecins traitants, que cette prédominance est due à la faible quantité de sel dans les aliments. Ce rapport remarquable trouve dans la physiologie une explication très-satisfaisante.

La rareté de ce condiment m'inspire une autre crainte, non moins sérieuse, c'est celle de voir apparaître le scorbut, résultant de l'absence dans le sang d'un agent chimique qui contribue à sa plasticité. Quelques cas de scorbut ont déjà été signalés dans les camps ; je n'en connais pas encore à Metz, mais cette immunité sera-t-elle durable ?

Beaucoup d'amputés guéris ou en voie de guérison succombent chaque jour, soit à la diarrhée, soit à l'état typhoïque. Tel est le résultat déplorable de la réunion dans les mêmes établissements de fiévreux et de blessés, malgré les soins extrêmes apportés à leur séparation dans des salles ou sous des tentes distinctes. J'ai fait tous mes efforts pour affecter aux uns et aux autres des établissements spéciaux ; mais des difficultés jusqu'ici insurmontables se sont opposées à la généralisation de cette mesure, réalisée seulement à l'ambulance des magasins du Fort-Moselle. Telle est l'explication d'une mortalité qui, après avoir été en diminuant, augmente depuis trois jours, mais sans indiquer une aggravation réelle dans la situation générale.

La pourriture d'hôpital diminue avec le chiffre des blessés, qui laissent de nombreux lits vacants dans chaque salle.

Beaucoup de tentes commencent à s'infecter ; j'en fais abattre le plus grand nombre possible, sous la réserve de les relever si les circonstances l'exigeaient. En attendant, le sol contaminé par des détritus de toute nature s'assainit. A ma demande, l'administration fait répandre une couche de tan sur les emplacements occupés ou à occuper par les tentes. Malheusement l'espace est tellement rempli partout, qu'il est presque impossible de songer à les déplacer, opération qui me semblait d'une grande utilité.

Les malades placés sous les tentes et ceux des magasins se plaignent du froid pendant la nuit. J'ai demandé à l'intendance de leur accorder une troisième couverture ou couvre-pied ; j'espère qu'elle sera en mesure de le faire.

En résumé, Monsieur le maréchal, le chiffre des malades entrants ne diminue pas, il augmente même ; mais la gravité des maladies dominantes diminue, et les chiffres de mortalité constituent une oscillation plutôt qu'une augmentation véritable. J'ajoute que notre situation est favorisée par un temps magnifique, qui permet une large aération dans tous les locaux occupés par les malades, en ouvrant les croisées et en soulevant les tentes. Si le froid arrivait et obligeait à clore, la situation se compliquerait de nouveau et nous aurions de grands malheurs à redouter.

La ville jusqu'à ce jour est peu éprouvée ; cependant il y a régné une influence morbide, due à la grande agglomération de malades et de blessés dans son enceinte, et les diarrhées y sont fréquentes, mais sans gravité. Cette situation ne me paraît pas exciter de grandes inquiétudes ; cependant ces inquiétudes naîtraient inévitablement, si les mots de typhus et de choléra, déjà prononcés, venaient à se répandre.

Je crois devoir me dispenser, Monsieur le maréchal, de joindre des chiffres à ce rapport ; il ne peut être qu'un corollaire des situations numériques mises chaque jour sous vos yeux.

Si quelques mille malades pouvaient être enlevés à la ville de Metz, ce serait assurément un grand bienfait ; mais dans l'état actuel de la santé publique, rien ne me paraît compromis ; nous pouvons et devons désirer mieux, nous aurions à craindre plus mal.

Le médecin en chef des hôpitaux et ambulances de Metz,

Signé : GRELLOIS.

N° 2.

Le docteur Cuvellier au maréchal Bazaine.

Ban-Saint-Martin, 24 septembre.

D'après les documents qui ont été fournis par tous les médecins en chef des corps d'armée et d'après ce que j'ai vu par moi-même, j'ai constaté que l'état sanitaire de la troupe, hors de Metz, se trouve actuellement dans des conditions sanitaires peu satisfaisantes.

Les dyssenteries, les fièvres typhoïdes deviennent plus graves, sinon plus nombreuses. Le nombre des malades des hôpitaux de Metz est toujours très-élevé, malgré des ambulances et des hôpitaux temporaires, situés hors de la ville. Dans Metz même, l'infection purulente a déjà enlevé un grand nombre de blessés. Les maladies scorbutiques, dyssentériques graves, apparaissent dans les hôpitaux et nous font redouter une épidémie, qui ne peut manquer de se produire prochainement, par cette raison que l'agglomération des malades sur un seul point en sera certainement la cause déterminante. Les chiffres suivants prouvent que le mouvement n'a pas changé dans les huit jours qui viennent de s'écouler.

Le 13 septembre, malades dans les ambulances de la troupe campée sous Metz. 811
Malades aux hôpitaux de Metz. . . . 13,806

Total. 14,617

Le 22 septembre, malades dans les ambulances campées sous Metz. 1,492
Malades aux hôpitaux de Metz. . . . 12,806

Total. 14,298

Malgré les décès, qui sont en moyenne de 70 par jour, l'état pathologique n'a donc pas changé, quant au nombre ; mais la gravité qui a pesé jusqu'à présent sur les blessés s'étend aux malades internés.

L'absence de sel dans la fabrication du pain le rend lourd et d'une digestion difficile. La diminution progressive que l'on applique à la ration et la modification des rations journalières ne me paraissent pas suffisamment compensées par l'augmentation de la ration de viande de cheval. Les hommes mangeraient sans doute longtemps cette viande avec plaisir ; mais elle finira par provoquer quelque répugnance, et, ce qui est le plus fâcheux, des troubles gastriques, à cause du manque de condiments nécessaires.

Le médecin du 4° corps m'écrit que les fièvres ont

un cachet adynamique plus ou moins prononcé, mais qu'elles ne sont point *encore* le typhus. Ce typhus, qui n'existe point encore, tous les médecins le pressentent, dans les conditions exceptionnelles où nous sommes.

C'est sous l'impression qui m'est causée par la gravité de la situation, que j'ai eu l'honneur de proposer à Votre Excellence l'évacuation complète du village de Plappeville, pour diriger progressivement sur ce point 2,000 malades. Ce moyen permettrait d'espérer l'éloignement de la période épidémique, d'assainir les hôpitaux de Metz, et enfin d'établir une séparation complète entre les malades de la ville et ceux des camps.

Si quelque maladie épidémique s'était déclarée, l'un des points serait sans doute resté hors de son atteinte.

A cause de la défense de la place de Metz, Monsieur le maréchal a préféré donner aux ambulances et hôpitaux temporaires un développement plus considérable et occuper comme ambulance ou hôpital la gare de Montigny, ordre qui est en voie d'exécution. Je pense que le moyen ordonné par Votre Excellence est suffisant pour le moment, parce que nous n'avons ni humidité, ni mauvais temps.

Enfin, lorsque quelques-uns de nos camps redeviendront des bourbiers vaseux, comme l'ont été le Ban-Saint-Martin, les cours de Fort-Moselle et autres, les causes précédemment signalées ne faisant qu'augmenter sans qu'une alimentation réparatrice donne aux hommes la force de résister aux influences nuisibles, j'espère que nous ne regretterons pas Plappeville.

Les médecins des corps m'écrivent que les instructions hygiéniques que j'ai précédemment indiquées sont ponctuellement exécutées dans les camps ; je n'ai rien à y ajouter pour le moment.

Les conditions sanitaires sont, en résumé, Monsieur le maréchal, peu favorables et menacent de devenir mauvaises. Je n'ai d'ailleurs aucune nouvelle mesure à proposer à Votre Excellence, parce que toutes celles que j'aurais l'honneur de lui proposer sont, en raison des circonstances où nous nous trouvons, des impossibilités.

*Le médecin en chef de l'armée du Rhin,
par intérim,*

Signé : Cavellier.

NOTE E.

N° 1.

Le maréchal Bazaine au ministre de la guerre.

Metz, 18 juillet.

Il existe à Metz un nouvel établissement de la manufacture des tabacs que j'ai fait visiter par le docteur Ehrmann. Ce local pourrait être utilisé très-fructueusement pour l'installation de 500 à 600 lits. Il n'y a que peu de chose à faire pour l'aménagement intérieur. Si ce projet vous convient, il faudrait s'entendre avec l'autorité compétente.

Puis-je faire délivrer des ceintures de flanelle aux hommes qui en manquent? (Dépêche télégraphique.)

N° 2.

Le maréchal Bazaine au ministre de la guerre.

Metz, 18 juillet.

J'ai eu l'honneur d'adresser hier au soir à Votre Excellence deux dépêches, par lesquelles je vous rendais compte de mes premières impressions à la suite de la visite que j'ai faite à Thionville, des quelques ordres que j'ai donnés, ainsi que de l'arrivée d'une portion des troupes dirigées de Paris et du camp de Châlons sur Metz et sur Saint-Avold.

Les mouvements de troupes ont continué cette nuit. . . . .

Les huit hommes de la 8ᵉ batterie, qui ont été exercés à Meudon au tir des bouches à feu à balles, ne sont point arrivés avec la batterie attachée, à la division Montaudon, que commande le capitaine Barbe.

Il résulte des entretiens que j'ai eus avec M. l'intendant de la 5ᵉ division et avec M. l'intendant général de l'armée, que les approvisionnements de toutes sortes seront insuffisants quand les effectifs seront au complet. On s'occupe activement de passer des marchés, les anciens entrepreneurs ayant fait défaut.

Je me suis préoccupé de la question des établissements hospitaliers, et j'ai eu l'honneur d'adresser aujourd'hui même une dépêche télégraphique à Votre Excellence. . . . .

Vous feriez grand plaisir à tout le monde si vous autorisiez le payement entier de l'indemnité d'entrée en campagne. . . . .

N° 3.

Le maréchal Bazaine au ministre de la guerre.

Metz, 19 juillet.

Le général de Failly me prévient que les dix-sept bataillons de son corps d'armée sont arrivés, et je transcris ci-après sa dépêche, qui a un caractère d'urgence :

« Aucunes ressources, point d'argent dans les caisses
» ou dans les corps. Je réclame de l'argent sonnant.
» Nous avons besoin de tout, sous tous les rapports. En-
» voyez des voitures pour les états-majors. Personne
» n'en a. Envoyez aussi des cantines d'ambulance. »

Dois-je aviser d'ici, ou attendre des ordres? (Dépêche télégraphique.)

N° 4.

Le maréchal Bazaine au ministre de la guerre.

Metz, 19 juillet.

Les deux batteries de 12 du 1er régiment, détachées au camp de Châlons et destinées à la réserve du 4e corps, sont toujours au camp, ainsi que le colonel du 1er régiment, et attendent des ordres pour rallier leur corps d'armée. (Dépêche télégraphique.)

N° 5.

Le maréchal Bazaine au ministre de la guerre.

Metz, 20 juillet.

Le sucre et le café sont devenus rares à Metz, il serait important que le commerce de Paris pût en envoyer ici. (Dépêche télégraphique.)

N° 6.

Le maréchal Bazaine au ministre de la guerre.

Metz, 20 juillet.

M. le général de Failly m'informe qu'il a toute son infanterie concentrée à Bitche. Il demande sur quel pied les troupes doivent être traitées, quant à la solde. Je pense qu'elles doivent être traitées sur le pied de rassemblement, et j'attends vos ordres à cet égard, car tout devient très-cher sur les points de concentration.

Le général Lafaille me rend compte que six batteries, destinées au 4° corps, sont parties à midi pour se rendre à Thionville, quoiqu'elles ne soient pas au complet faute d'hommes. Ainsi quatre batteries du 1er régiment n'ont pu fournir chacune que deux sections de manœuvre, et deux du 17° régiment, une seule section de manœuvre chacune. (Dépêche télégraphique.)

N° 7.

Le maréchal Bazaine au général Frossard, commandant le 2° corps, à Saint-Avold; au général de Ladmirault, commandant le 4° corps, à Thionville; au général de Failly, commandant le 5° corps, à Bitche; au général

Ducrot, à Strasbourg; au général Douay, commandant le 7ᵉ corps, à Belfort.

Metz, 20 juillet, 10 h. 30 soir.

Le major général de l'armée du Rhin m'informe que l'Empereur ne veut pas commencer la campagne avant que l'armée ne soit complétement constituée.

En attendant, que l'on se tienne sur la défensive en s'éclairant et se renseignant bien. Veuillez vous conformer à ces instructions. (Dépêche télégraphique.)

N° 8.

Le maréchal Bazaine au général Frossard, à Saint-Avold.

Metz, 20 juillet.

Vous avez dû recevoir une dépêche du ministre qui annonce que nous sommes aujourd'hui régulièrement en guerre avec la Prusse. Voyez si vos cantonnements ne seraient pas trop espacés et s'il ne serait pas préférable d'occuper seulement Sarreguemines, Forbach et Saint-Avold. Je prescrirais dans ce cas au général de Failly d'occuper Rohrbach.

Évitons avant tout d'être trop faibles sur un des points de notre ligne, et par suite une concentration difficile à opérer. Le général de Ladmirault est arrivé à Thionville; j'y vais pour conférer avec lui.

N° 9.

Le maréchal Bazaine au ministre de la guerre.

Metz, 21 juillet.

. . . .

Les corps ne peuvent avoir quant à présent toute leur mobilité future, car ils ne sont pas complétés en cantines d'ambulance et voitures réglementaires, en bâts et harnais.

Bien plus, le 1er de ligne, arrivé aujourd'hui à Thionville, n'avait ni tentes-abri, ni effets de campement.

Je fais demander aux commandants des corps d'armée un état de ce qui peut leur manquer, et j'aurai l'honneur de vous l'adresser. . . . . . .

Il est urgent que l'on expédie aux différents corps d'armée tout ce qui leur manque en moyens de transport et effets de campement.

J'ai reçu la dépêche contenant les instructions de se tenir sur la défensive, tout en prenant les dispositions que nécessite l'état de guerre. Cette dépêche répond à celle que je reçois à l'instant relative aux moyens de transport. (Dépêche télégraphique.)

N° 10.

Le maréchal Bazaine au major général, à Paris.

Metz, 21 juillet.

L'intendant Friant est arrivé. Dans la pénurie de toutes choses où nous sommes, je lui donne carte blanche pour organiser les services administratifs du 3° corps.

La division Montaudon devant faire mouvement sur Boulay, je voudrais une compagnie du génie, j'ignore laquelle désigner. (Dépêche télégraphique.)

N° 11.

Le maréchal Bazaine au ministre de la guerre.

Metz, 21 juillet.

. . . .

Ainsi que j'ai eu l'honneur d'en rendre compte à Votre Excellence par dépêche télégraphique, en date de ce jour, j'ai autorisé M. l'intendant Friant à prendre toutes les mesures pour assurer les services administratifs, qui, d'après les renseignements qui me viennent de tous les côtés, laissent beaucoup à désirer.

M. l'intendant en chef de l'armée me fait savoir aujourd'hui que la plupart des voitures qui sont à Toul sont en mauvais état, que les bois ont joué et que les roues ont besoin d'être châtrées. Tous les commandants de corps d'armée me demandent à grands cris des moyens de transport, des effets de campement, qu'il m'est impossible de leur faire délivrer.

M. le préfet de la Moselle m'informe qu'à Sarreguemines les approvisionnements de toutes natures n'arrivent plus. On se plaint de l'interdiction qui pèse sur les compagnies de chemins de fer, et qui empêche le transport des marchandises et denrées alimentaires.

Ayant appris que quelques expéditions de denrées avaient été faites au delà de la frontière prussienne, j'ai interdit sur toute la frontière la sortie des denrées de toutes sortes, des chevaux, mulets et animaux propres à la boucherie ou à toute consommation. . .

N° 12.

Le maréchal Bazaine au major général, à Paris.

Metz, 22 juillet.

L'intendant du 3° corps demande douze fours de campagne qui lui sont indispensables. Il n'y en a pas à Metz. (Dépêche télégraphique.)

N° 13.

*Le maréchal Bazaine au général Frossard,
à Saint-Avold.*

Metz, 22 juillet.

J'ai l'honneur de vous accuser réception de votre lettre en date du 21 juillet, et je vous remercie des renseignements qu'elle renferme.

Le ministre de la guerre m'a donné communication de la dépêche qu'il vous a adressée relativement à l'opération à tenter sur Sarrebrück. Je vois ce que je savais déjà par une dépêche, que je vous ai fait connaître antérieurement, que l'intention bien formelle de l'Empereur est de rester sur la défensive et d'éviter les engagements qui pourraient entraîner hors de la frontière, avant le moment que Sa Majesté veut fixer elle-même. . . . .

N° 14.

*Le maréchal Bazaine à l'ingénieur en chef
du département de la Moselle.*

Metz, 22 juillet.

Le général de division commandant l'artillerie du 3ᵉ corps m'a communiqué la lettre par laquelle vous lui faites savoir que vous êtes tout disposé à faire exécuter les travaux nécessaires pour permettre d'amener au pied des rampes de Longeville et de Saint-Julien le matériel destiné à armer les forts. Je vous prie de prendre les dispositions nécessaires pour que ces travaux commencent sans retard, et de les pousser avec activité; votre responsabilité vis-à-vis de votre administration restant couverte par cette invitation.

N° 15.

*Le maréchal Bazaine au général de Ladmirault,
à Thionville.*

Metz, 22 juillet.

S. Exc. M. le major général de l'armée du Rhin me télégraphie de nouveau que les ordres formels de l'Empereur défendent de la manière la plus absolue de prendre l'offensive. L'armée doit donc rester sur la défensive dans ses positions, en se gardant bien, en s'éclairant bien, en assurant les communications, en se renseignant le mieux possible sur les mouvements et les intentions de l'ennemi. Nous ne devons donc point dépasser la frontière ; mais nous borner à observer les Prussiens et à repousser toute incursion ou toute tentative de leur part. Je donne connaissance de ces instructions à M. le général Montaudon, qui, ainsi que je vous l'ai dit, est parti ce matin de Metz pour aller occuper Boulay. Donnez des ordres dans ce sens aux troupes de votre corps que vous avez envoyées à Bouzonville, et qui occupent Sierck.

L'Empereur a autorisé M. le général Frossard à occuper, *sans plus*, la portion de la ville de Sarrebrück qui est sur la rive gauche, si cela lui est nécessaire.

N° 16.

Le maréchal Bazaine au major général, à Paris.

Metz, 23 juillet.

Tous les rapports s'accordent sur une forte concentration des troupes à Contz. Le prince Frédéric-Charles y est arrivé, dit-on.

Les espions ne veulent à aucun prix aller de ce côté; cette position a été étudiée avec le plus grand soin par le général de Moltke. (Dépêche télégraphique.)

N° 17.

Le maréchal Bazaine au major général, à Paris.

Metz, 23 juillet, 7 h. soir.

J'ai reçu votre dépêche, du 23 juillet, concernant les divers mouvements à faire exécuter. Le mouvement sur Boulay est déjà commencé par le 3° corps.

Il n'y a pas de ligne télégraphique de Metz à Boulay,

et le directeur demande une dizaine de jours pour l'organiser. Il serait utile d'en établir une avec le matériel militaire. Il serait également urgent d'avoir des fours de campagne; je vous en ai déjà demandé. (Dépêche télégraphique.)

N° 18.

Le maréchal Bazaine au général de Failly, à Bitche.

Metz, 23 juillet, 9 h. 30 soir.

D'après l'ordre de l'Empereur, transmis par le major général, portez demain vos deux divisions, réunies à Bitche, à Sarreguemines, et appelez à Bitche votre 3ᵉ division, qui est à Haguenau. Je préviens le général Frossard que son détachement de Sarreguemines sera relevé par vos troupes.

Accusez-moi réception de ma dépêche immédiatement. (Dépêche télégraphique.)

N° 19.

Le maréchal Bazaine au général Frossard,
à Saint-Avold.

Metz, 24 juillet.

Je réponds à votre lettre du 23, dont je donne communication à M. l'intendant en chef de l'armée pour ce qui concerne les moyens de transport qui manquent au 2ᵉ corps.

Vous avez raison de ne pas croire que j'ai arrêté à Metz, pour le 3° corps, tous les moyens dont dispose l'armée.

J'ai fait venir de Toul, comme vous probablement, les voitures qui m'étaient personnellement affectées, ou autres. Les divisions dont le 3° corps se compose viennent de Paris où elles étaient constituées, et où plusieurs d'entre elles ont pris les moyens de transport qui leur étaient destinés; mais pas plus que vous je n'ai de moyens d'ambulances ni de cacolets.

Je n'ai pas un infirmier, et mon intendant est seul, sans sous-intendants, sans comptables, sans fours de campagne, pour parer aux besoins des mouvements que nous faisons.

L'intendant général de l'armée doit rester à Metz. Je l'invite à obtempérer le plus promptement possible à toutes vos demandes, que je lui soumets au fur et à mesure de leur arrivée.

En lui écrivant directement aussi, vous pourrez peut-être activer son zèle et obtenir plus rapidement ce qui vous est nécessaire.

N° 20.

Le maréchal Bazaine au major général, à Metz.

Boulay, 26 juillet.

Aux termes de la dépêche de Votre Excellence, en date de Paris le 23 juillet, dépêche chiffrée, qui m'est parvenue le soir à cinq heures et qui avait été expédiée de Paris à huit heures moins le quart de l'après-midi, je devais, par ordre de l'Empereur, porter le lendemain mon corps d'armée de Metz à Boulay, où je devais établir mon quartier général.

Cela vous explique suffisamment comment j'ai quitté Metz, de ma personne, et pourquoi je ne me suis pas trouvé là lors de votre arrivée.

Je ne suis d'ailleurs nullement contrarié de me trouver au milieu de mes troupes, et j'ai été bien aise de voir de mes yeux et de rectifier certains emplacements de bivouacs.

En outre, j'ai présidé à l'installation du quartier général et des services du corps d'armée.

J'ai fait exécuter des mouvements de troupes, et j'ai acquis la certitude que tout ce que j'avais ordonné avait été fait suivant mes vues.

Mon intention est de me trouver à Metz lors de l'arrivée de l'Empereur. J'ignore absolument l'époque de la venue de Sa Majesté, et je vous serai très-reconnaissant de me faire prévenir en temps utile, afin que je puisse régler mon départ de Boulay en conséquence.

N° 21.

Le maréchal Bazaine au major général, à Metz.

Boulay, 26 juillet.

J'ai eu l'honneur de vous informer que je n'étais pas en relation télégraphique avec Metz; la station télégraphique la plus rapprochée de mon quartier général est Saint-Avold, qui est distant de 18 kilomètres. Le service de la correspondance entre Metz et Boulay est aussi fort mal assuré. Je ne reçois rien et n'ai encore rien reçu de Metz ni des 2°, 4° et 5° corps.

Votre présence à Metz m'a fait supposer que toutes les demandes de MM. les commandants de corps qui auraient pu m'être adressées ont reçu de vous une solution.

Nous sommes toujours, en ce qui concerne le 3° corps, dans les mêmes conditions au point de vue des ambulances, qui nous font absolument défaut.

Je regrette que mon chef d'état-major général, que j'avais laissé à Metz, n'ait point vu Votre Excellence. Il vous eût exposé les besoins absolus du 3° corps, et vous eût fourni divers documents au sujet desquels j'appelais votre attention.

Je compte appeler à moi la 4° division d'infanterie dès que le mouvement de la Garde impériale permettra aux troupes de ce corps d'assurer les services de la place de Metz. J'aurai alors toutes mes troupes sous la main, sauf mes ambulances et mon parc d'artillerie, qui est immobilisé faute de chevaux pour l'enlever. . . .

N° 22.

Le major général au maréchal Bazaine, à Boulay.

Metz, 26 juillet, 8 h. soir.

Cher maréchal, l'Empereur arrivera jeudi à sept heures du soir; je vous prie donc de vous trouver ici pour recevoir Sa Majesté. Peut-être irai-je vous voir demain. J'ai bien regretté d'arriver trop tard pour vous serrer la main.

Notre immobilité donne confiance à l'ennemi. Mac-Mahon doit avoir à ce moment une petite affaire à Seltz. Il est temps de prendre l'offensive; tenez-vous donc prêt pour samedi ou dimanche.

Signé : LE BOEUF.

Le maréchal Bazaine au maréchal de Mac-Mahon, à Strasbourg.

Boulay, 27 juillet, 10 h. 15 soir.

Au reçu de votre dépêche télégraphique, j'ai transmis au général de Failly les instructions relatives à l'occupation, par les troupes qui sont encore à Bitche, des points qui doivent couvrir le chemin de fer de Bitche à Niederbronn. Nous n'avons rien de nouveau de nos côtés.

N° 23.

Le maréchal Bazaine au général de Failly, à Bitche.

Boulay, 27 juillet, 10 h. 15 soir.

La division Douay occupe Haguenau, la division Ducrot, près de Reichshoffen, couvre le chemin de fer de Strasbourg à Bitche, la division Ducrot occupera avec une brigade la ligne qui a sa droite au col du Pigeonnier, près de Wissembourg, sa gauche à Freschwiller; elle détachera un poste au Jägersthal, au-dessus de Niederbronn.

D'après le major général, vous devez occuper les passages principaux que l'ennemi serait obligé de prendre pour couper le chemin de fer de Niederbronn à Bitche; ce sont Sturzelbrunn et Neuhofer, dans la vallée de Jägersthal. La droite de vos avant-postes se reliant sur le village de ce nom à la division Ducrot.

Je vous demanderais de me faire connaître le lieu où ces troupes seront en position, et s'il vous est possible de faire ce que demande le maréchal de Mac-Mahon avec la division que vous avez à Bitche.

Les deux autres divisions du 1er corps et le 7e corps sont en formation à Strasbourg et à Belfort.

N° 24.

*Le maréchal Bazaine au général de Ladmirault,
à Thionville.*

Boulay, 30 juillet.

Je vous remercie des renseignements que vous m'envoyez sur le cours de la Sarre. Il est probable que si les pluies torrentielles qui ont signalé ces jours derniers continuaient, il y aurait des modifications dans le régime des eaux ; mais je sais que l'on prépare, au grand quartier général, les moyens qu nous sont nécessaires pour franchir ce cours d'eau.

Vous devez avoir reçu la feuille de renseignements n° 5, par laquelle on vous avise de grands mouvements de troupes sur la Sarre, et de l'arrivée du roi de Prusse à Coblentz. J'ai vu hier l'Empereur, à Saint-Avold ; rien n'est encore arrêté sur les opérations que doit entreprendre l'armée française. Il semble cependant que l'on penche vers un mouvement offensif en avant du 2ᵉ corps.

N° 25.

L'aide-major général au maréchal Bazaine, à Boulay.

Metz, 30 juillet.

Les ordres de l'Empereur sont, que le général Frossard, avec son corps d'armée, franchisse la Sarre et s'empare de Sarrebrück.

L'opération doit être faite dans la matinée du mardi, 2 août, avec l'appui de deux divisions de votre corps d'armée, qui occuperont demain Saint-Avold et Haut-Hombourg, et des deux divisions du général de Failly, qui sont en ce moment à Sarreguemines.

A cet effet, les deux divisions qui doivent arriver demain à Saint-Avold et à Haut-Hombourg continueront, dans la journée du 1ᵉʳ août, leur mouvement jusqu'à Forbach.

Pour l'opération dont il s'agit, l'Empereur désirerait que le général Frossard exécutât le passage de la Sarre au point qu'il a déjà reconnu, un peu en amont de Sarrebrück.

Avec vos deux divisions, vous vous porteriez, en partant de Forbach, et en traversant la forêt de ce nom, vers Guerswiller, pour passer la Sarre en aval de Sarrebrück, à un point choisi entre le chemin de fer et le ruisseau qui tombe dans la Sarre à hauteur du village de Burbach.

Le général de Failly se porterait de Sarreguemines vers Sarrebrück, par la rive droite de la Sarre, pour appuyer le mouvement du général Frossard.

Les mouvements de toutes les troupes appelées à prendre part à cette opération devront être combinés de telle façon que les passages de la Sarre, en aval comme en amont de Sarrebrück, soient exécutés au point du jour.

Votre Excellence prendra le commandement des

troupes des trois corps d'armée appelés à concourir à l'opération.

Vous vous rendrez de votre personne, dans la matinée de demain dimanche 31, au quartier général du général Frossard, à Morsbach, où se trouveront également le général de Failly et les généraux commandant l'artillerie et le génie de l'armée; vous vous concerterez avec eux pour arrêter les dispositions de détail relatives à l'opération : le rendez-vous aura lieu à onze heures.

L'équipage de pont de corps d'armée qui se trouve à Metz sera transporté demain jusqu'à Forbach : il servira à l'établissement de deux ponts pour le passage des troupes du général Frossard. Le général Coffinières compte qu'il pourra fournir les moyens de jeter deux autres ponts pour le passage des deux divisions de votre corps d'armée : l'Empereur tient essentiellement à ce que la Sarre ne soit pas franchie à gué.

Je ferai remarquer à Votre Excellence que les instructions qui précèdent ne sont que des ordres d'ensemble. Sa Majesté s'en rapporte à votre expérience pour régler les détails d'exécution de la manière la plus convenable pour assurer le succès de l'opération.

Signé : LEBRUN.

N° 26.

Le major général au maréchal Bazaine, à Saint-Avold.

Metz, 31 juillet, 2 h. 15 soir.

Le 2ᵉ et le 5ᵉ corps ont des cacolets, le 3ᵉ corps en recevra demain soir. (Dépêche télégraphique.)

N° 27.

Le maréchal Bazaine à l'Empereur, à Metz.

Saint-Avold, 31 juillet, 5 h. soir.

Je rentre à l'instant de Forbach ; la conférence a eu lieu au quartier général du général Frossard. Elle a eu pour résultat, d'un accord unanime, que l'opération devrait se borner à la rive gauche. (Dépêche télégraphique.)

N° 28.

Le major général au maréchal Bazaine, à Saint-Avold.

Metz, 1ᵉʳ août, 3 h. 17 soir.

Des renseignements qui me parviennent indiquent que la concentration de l'ennemi augmenterait entre Contz et Sarrelouis.

Vous avez à veiller beaucoup du côté de Sarrelouis.

Il n'y a pas de voitures à Metz. On télégraphie à Paris pour en avoir et vous les envoyer. (Dépêche télégraphique.)

N° 29.

*Le maréchal Bazaine au général Frossard,
à la Brème d'Or.*

Saint-Avold, 3 août.

Je laisse à votre disposition, campée tout près de Forbach, la division de Montaudon, qui a pour échelon en arrière la 1re brigade de la 2e division ; la 2e brigade de cette division étant prête à appuyer la 1re pour vous rejoindre.

Pour ne pas perdre de temps, vous donneriez des ordres directs à la division Montaudon.

N° 30.

*Le maréchal Bazaine au général Frossard,
à la Brème d'Or.*

Saint-Avold, 4 août, 7 h. 45 matin.

Je vous ai écrit hier pour vous demander comment vous aviez passé la journée, afin de pouvoir, le cas échéant, disposer de la division Montaudon, puisque je dois appuyer le général de Ladmirault.

Je ne puis cependant laisser Saint-Avold sans troupes, car c'est notre centre, et il n'est qu'à quatre lieues de Sarrelouis. (Dépêche télégraphique.)

N° 31.

Le maréchal Bazaine au général de Ladmirault, à Boulay.

Saint-Avold, 6 août.

Je reçois un petit mot du général Bellecourt, qui m'écrit de Ham-sous-Varsberg qu'il a devant lui un poste considérable ennemi et que sa division est encore engagée sur la route.

Il me demande de la cavalerie ; j'envoie dans sa direction un régiment de dragons et un de chasseurs. Voyez de votre côté ce que vous pouvez lui envoyer.

Tenez-moi au courant.

N° 32.

Le maréchal Bazaine à l'Empereur, à Metz.

Saint-Avold, 6 août, midi.

L'ennemi est entré à Merlebach. Le courrier de Saint-Avold à Creuzwald-la-Croix a rétrogradé à la vue des troupes ennemies. Le général Bellecourt me fait savoir de Ham-sous-Varsberg qu'il a un gros parti devant lui. (Dépêche télégraphique.)

N° 33.

Le maréchal Bazaine à l'Empereur, à Metz.

Saint-Avold, 6 août, 2 h. 30 soir.

Le général Frossard me dit à l'instant : « Je suis

» fortement engagé tant sur la route et dans les bois
» que sur les hauteurs de Spickeren, c'est une ba-
» taille. »

Sur sa demande, le général Montaudon, laissant la garde de Sarreguemines aux troupes du général Lapasset, qui y était encore, marche sur Grossbliederstroff, dirigeant une colonne sur Rouhling, afin d'avoir un appui.

La brigade de dragons que j'avais envoyée à Merlebach continue sa route sur Forbach. Je donne l'ordre à la division de réserve de cavalerie de venir s'établir de Faulquemont à Folschwiller.

Les nouvelles qui nous parviennent de notre gauche sont moins sérieuses que ce matin ; ce ne seraient que des reconnaissances.

N° 34.

Le maréchal Bazaine au général Frossard, à Forbach.

Saint-Avold, 6 août, 3 h. soir.

Je fais partir la division Montaudon pour Grossbliederstroff ; la brigade de dragons marche sur Forbach. (Dépêche télégraphique.)

N° 35.

Le maréchal Bazaine au général Frossard, à Forbach.

Saint-Avold, 6 août, 4 h. 45 soir.

Donnez-moi de vos nouvelles pour me tranquilliser, et n'oubliez pas que la division Montaudon est nécessaire à Sarreguemines.

N° 36.

Le maréchal Bazaine au général Frossard, à Forbach.

Saint-Avold, 6 août, 6 h. soir.

Je vous envoie par le chemin de fer le 60° de ligne. Renvoyez-le-moi par la même voie sitôt qu'il ne vous sera plus nécessaire. (Dépêche télégraphique.)

N° 37.

Le général Frossard au maréchal Bazaine, à Saint-Avold.

Forbach, 6 août, 6 h. 35 soir (expédiée à 6 h. 45 soir, — 6 h. 30).

Les Prussiens font avancer des renforts considérables. Je suis attaqué de tous côtés. Pressez le plus possible le mouvement de vos troupes. (Dépêche télégraphique.)

N° 38.

Le général Frossard au maréchal Bazaine à Saint-Avold.

Forbach, 6 août, 7 h. 22 soir (expédiée à 7 h. 55 soir).

Nous sommes tournés par Werden, je porte tout mon monde sur les hauteurs. (Dépêche télégraphique.)

N° 39.

Le maréchal Bazaine au général Frossard, à Forbach.

Saint-Avold, 6 août, 8 h. 15 soir.

Je vous ai envoyé tout ce que j'ai pu, je n'ai plus que trois régiments pour garder la position de Saint-Avold. Définissez-moi bien les positions que vous croirez devoir occuper. (Dépêche télégraphique.)

N° 40.

L'Empereur au maréchal Bazaine, à Saint-Avold.

Metz, 6 août, 8 h. 20 soir.

Le mouvement de l'ennemi tend à vous séparer du général Frossard; appelez à vous tous les corps du général de Ladmirault. Assurez, s'il est nécessaire, la retraite du général Frossard et des troupes de Sarreguemines sur un point en arrière, que je crois être Puttelange. La Garde doit être à moitié chemin de Courcelles à Saint-Avold. (Dépêche télégraphique.)

NAPOLÉON.

N° 41.

Le maréchal Bazaine au général de Ladmirault à Boulay.

Saint-Avold, 6 août.

D'après les ordres de l'Empereur, mettez en marche sur Saint-Avold, où elles recevront des ordres, les trois divisions de votre corps d'armée, la première arrivant demain à Saint-Avold, et les deux autres ainsi que tous les services se dirigeant sur Boucheporn. Mais comme il n'y a pas d'eau en quantité suffisante sur ce dernier point, je ferai prévenir, avant leur arrivée, les corps qui devront être dirigés sur la droite ou en avant.

De votre personne, vous établirez votre quartier général à Saint-Avold.

N° 42.

Le maréchal Bazaine à l'Empereur, à Metz.

Saint-Avold, 6 août, 10 h. soir.

Les premières dispositions prises, et dont j'ai rendu compte à Votre Majesté, forment des échelons d'appui pour M. le général Frossard et doivent couvrir sa retraite, si elle devient nécessaire, et je pense que nous pouvons tenir la position de Cadenbronn sans nous retirer de suite jusqu'à Puttelange.

La position de Cadenbronn servira de point de ralliement aux troupes de Sarreguemines, qui occupent Roubling et Grossbliederstroff, comme aux troupes du général Frossard et du général de Castagny, qui s'est porté vers Forbach cette après-midi.

Selon les instructions de Votre Majesté, j'avais appelé à moi les troupes du général·de Ladmirault.

Le général Bourbaki m'a prévenu qu'il avait reçu, à quatre heures, l'ordre de se mettre en mouvement, et qu'il arriverait demain matin, à moins que je ne lui fasse dire de faire une marche de nuit.

Les dernières nouvelles du général Frossard sont qu'il se retire sur les hauteurs, sans m'indiquer la direction. (Dépêche télégraphique.)

N° 43.

Le général de Castagny, commandant la 2ᵉ division du 3ᵉ corps, au maréchal Bazaine, à Saint-Avold.

(Arrivée à 3 h. du matin, le 7 août.)

On évacue Forbach. Le général Metman, le seul avec qui j'ai pu communiquer, m'a appris que le général Frossard était parti depuis deux heures pour Sarreguemines, et que toutes les troupes fraîches s'y rendaient aussi. Je vais à Puttelange prendre mes sacs; dois-je servir (*sic*) Sarreguemines à onze heures? (Dépêche télégraphique.)

N° 44.

L'employé du télégraphe au maréchal Bazaine,
à Saint-Avold.

Saint-Avold, 7 août.

J'ai l'honneur de vous prévenir que Metz ne communique plus avec Sarreguemines depuis hier au soir dix heures. Votre dernière dépêche, adressée au général Lapasset, n'a donc pas été transmise.

Metz ne m'a pas encore répondu au sujet d'un établissement de communications avec l'un des points situés entre Forbach et le bureau de Saint-Avold.

L'employé : (signature illisible).

N° 45.

Ordre du major général.

Saint-Avold, 7 août.

La division Grenier restera jusqu'à nouvel ordre à la disposition de M. le maréchal Bazaine.

Le maréchal major général,
Signé : LE BOEUF.

N° 46.

Le général de Ladmirault au maréchal Bazaine,
à Saint-Avold.

Boulay, 7 août.

Votre Excellence m'avait adressé pendant la nuit.

et à la date du 6 août, une dépêche me prescrivant de mettre les trois divisions de mon corps d'armée en marche sur Saint-Avold. Cette dépêche m'est parvenue à trois heures du matin, elle avait sans doute été expédiée avant minuit.

Aujourd'hui, 7 août, j'ai reçu, à quatre heures un quart du matin, une dépêche télégraphique expédiée de Metz, à quatre heures, ainsi conçue : « Retirez-vous » sur Metz après avoir rallié toutes vos divisions.

» *Signé :* Napoléon. »

Cet ordre est donc le dernier qui m'ait été expédié, et auquel je dois me conformer.

J'ai donné tous mes ordres à cet effet, et aujourd'hui, 7 août, mes trois divisions occuperont les positions près de Boulay.

Le général commandant le 4ᵉ corps,

Signé : de Ladmirault.

N° 47.

Le maréchal Bazaine au général de Ladmirault, à Boulay.

Saint-Avold, 7 août.

J'ai reçu le même ordre de concentrer que vous. Pour que rien ne soit livré au hasard, ne vous retirez pas trop vite, et arrêtez-vous le premier jour sur les positions en arrière des Étangs, afin de couvrir le flanc droit de nos colonnes.

N° 48.

Le maréchal Bazaine au général Frossard,
à Puttelange.

Saint-Avold, 7 août.

Le général de Ladmirault a reçu l'ordre direct de l'Empereur de se retirer avec tout son corps d'armée sur Metz. Il commence son mouvement demain matin, en partant de Boulay où il est en ce moment.

Notre gauche se trouve complétement découverte; il est urgent de se conformer aux ordres de l'Empereur et de concentrer l'armée sous Metz. J'ai pris toutes mes dispositions pour que le mouvement commence demain. Je vous ai envoyé, il y a un instant, un ordre du major général à cet égard; veuillez me dire quand vous pensez pouvoir l'exécuter.

N° 49.

Le maréchal Bazaine au major général, à Metz.

Saint-Avold, 7 août.

Je viens de recevoir du général Frossard l'avis qu'il pourra commencer son mouvement de concentration sur Metz. Il prendra la route de Nancy-Sarreguemines, et mettra son quartier général le premier jour à Grostenquin.

La brigade Lapasset est avec lui et suit son mouvement. Je vais donc commencer demain matin mon mouvement sur Metz; la Garde viendra le premier jour sur la Nied française, mes divisions sur la Nied allemande; mon quartier général sera à Faulquemont. (Dépêche télégraphique.)

N° 50.

Le major général au maréchal Bazaine, à Faulquemont.

Metz, 9 août, 2 h. 45 matin (expédiée à 3 h. 30 matin).

Séjournez à Faulquemont pour rester lié avec le général Frossard. Conservez la Garde, en lui indiquant une position qui lui permette de vous appuyer efficacement au besoin. Un nouvel avis, qui m'arrive à l'instant, m'indique que l'ennemi est en marche sur notre gauche. Donnez l'ordre au général de Ladmirault de rester en position sur votre gauche pour la couvrir. J'écris directement aux généraux Bourbaki et Ladmirault pour éviter tout malentendu. J'écris également au général Frossard, par un de ses officiers, de rester en communication constante avec vous et de se conformer à vos ordres. Donnez-leur vos instructions sans tarder. Tâchez de concentrer le plus tôt possible sous Metz les 2°, 3° et 4° corps, et la Garde, qui sont tous placés sous vos ordres et doivent s'y conformer strictement.

Faites-vous éclairer très au loin par votre cavalerie légère. (Dépêche télégraphique.)

N° 51.

Le maréchal Bazaine au major général, à Metz.

Faulquemont, 9 août, 6 h. matin.

Oui, j'ai reçu votre télégramme de cette nuit, et depuis une heure et demie j'expédie des ordres partout. Le 3ᵉ corps doit défendre les positions qu'il occupe sur la rive gauche de la Nied, le général de Ladmirault couvrant sa gauche, et devant, une division à Glatigny. La Garde reste sur la rive gauche de la Nied française, et le général Bourbaki a l'ordre de faire reconnaître tous les passages, afin de se porter au besoin sur le front d'attaque, selon les circonstances. Je ne le fais pas passer immédiatement sur la rive droite, parce qu'il peut être utile également au général de Ladmirault. J'ai prévenu le général Frossard, qui est à Grostenquin, dans le cas d'une attaque sérieuse, de venir sur Guesling afin de pouvoir prendre demain la direction de Metz tout en concourant à couvrir le peu de voie ferrée qui nous reste dans cette direction et sur laquelle se trouve appuyée notre droite. Il est probable que dans la journée j'établirai mon quartier général à Courcelles-Chaussy. (Dépêche télégraphique.)

N° 52.

*Le maréchal Bazaine au général Frossard,
à Grostenquin.*

Faulquemont, 9 août, 8 h. 30 matin.

Vous avez dû recevoir du major général l'ordre de séjourner sur vos positions. Ce matin je dirige votre convoi sur Grostenquin.

Le major général me prévient qu'il est possible que nous soyons attaqués aujourd'hui, et indique notre gauche comme le point choisi par l'ennemi.

M. le général de Ladmirault est campé aux Étangs, sur la rive gauche de la Nied française, la Garde est dans les environs de Pange, également sur la rive gauche.

Mes quatre divisions du 3° corps sont établies sur la rive gauche de la Nied allemande, se reliant à M. le général de Ladmirault.

Quant à vous, mon cher général, si l'attaque devenait vraiment sérieuse, comme vous devez, ainsi que nous, rallier Metz le plus tôt possible, il serait bien que vous vinssiez vous établir à Han-sur-Nied et à Remilly.

Il est probable que je porterai aujourd'hui mon quartier général à Courcelles-Chaussy. . . . . .

N° 53.

Le major général au maréchal Bazaine,
à Faulquemont.

Metz, 9 août.

J'ai l'honneur de prévenir Votre Excellence que par décret de ce jour, l'Empereur vous a conféré le commandement en chef des 2°, 3° et 4° corps de l'armée du Rhin. Le même décret nomme au commandement du 3° corps M. le général Decaen. Je vous prie de vouloir bien en informer cet officier général.

Le maréchal, major général,

Signé : LE BOEUF.

N° 54.

Le maréchal Bazaine au général Frossard,
à Grostenquin.

Faulquemont, 9 août.

L'Empereur vient de venir à Faulquemont, et donne des ordres formels et pressants pour que vous gagniez, aussi rapidement que possible, Han-sur-Nied et Remilly, et, si vous le pouvez, venir même pendant la nuit à Courcelles-sur-Nied.

Sa Majesté autorise qu'on prenne des voitures de réquisition, partout où on pourra en trouver, pour faire porter les sacs des hommes.

Les nouvelles que l'on a de l'ennemi font croire à une concentration de ses forces, et il aurait l'intention de nous attaquer dans nos positions, et ses efforts se porteraient plutôt vers la droite.

N° 55.

*Le maréchal Bazaine au général Bourbaki,
à Courcelles-Chaussy.*

Faulquemont, 9 août.

L'Empereur vient de venir à Faulquemont, et d'après ses ordres nous devons nous établir sur la Nied française.

Vous devez occuper, à partir de Coligny comme centre, les ositions qui vous paraîtront convenables pour pouvoir vous porter rapidement (ou une partie de votre corps d'armée) soit vers le général de Ladmirault, dont le quartier général est à Glatigny, soit vers notre droite, qui sera à Courcelles-sur-Nied. Ainsi que je vous l'ai dit ce matin, le quartier général sera à Pont-à-Chaussy.

N° 56.

Le maréchal Bazaine au général Decaen, à Morhanges.

Faulquemont, 9 août.

Le mouvement qui s'exécute sur toute la ligne pour passer sur la rive gauche de la Nied française est la conséquence du projet de l'ennemi, qui effectivement paraît se diriger en grandes forces sur notre droite.

L'Empereur est venu de sa personne à Faulquemont pour s'assurer que le mouvement serait exécuté ce soir ; il faut donc faire tous vos efforts pour venir vous établir aux points qui vous ont été assignés. . .

N° 57.

*Le maréchal Bazaine au général Frossard,
à Han-sur-Nied.*

Pont-à-Chaussy, 10 août, 3 h. matin.

Je donne l'ordre et recommande de nouveau au général Montaudon de se tenir en relation avec vous. Faites tous vos efforts pour rallier Courcelles-sur-Nied et prendre position au-dessus en passant Villiers-Laquenexy, afin de vous relier complétement avec Pange, qui est occupé par le général Montaudon. Je vous envoie l'extrait des instructions de l'Empereur, qui m'a été adressé hier soir, ainsi qu'une carte des environs de Metz. Faites-moi prévenir de tout ce qui peut survenir et de votre arrivée sur les positions indiquées.

N° 58.

*Le maréchal Bazaine au général Frossard
et au général de Ladmirault.*

Borny, 13 août.

Faites reconnaître les ponts qui ont été jetés derrière vous, et donnez des ordres pour que l'on soit prêt à exécuter un mouvement ce soir, dès que la lune sera assez haute, si l'installation des ponts le permet, car la crue de la Moselle a couvert d'eau les ponts de chevalet et d'un blanc d'eau les prairies par lesquelles on débouche.

On signale à droite, à Ars-Laqueney et à Retonfay, de fortes reconnaissances ennemies, et il y a constamment des coups de fusil tirés entre nos grand'gardes et elles.

P. S. Il est probable que le mouvement ne pourra se faire que demain.

N° 59.

Le général de Forton, commandant la 3ᵉ division de réserve de cavalerie, au général Desvaux, commandant le corps de cavalerie.

Camp de Chambières, 9 septembre.

J'ai l'honneur de vous adresser le rapport qui a été demandé par M. le maréchal commandant en chef, sur une prétendue surprise dont tout ou partie des troupes de ma division aurait été victime en avant de Rézonville dans la matinée du 16 août.

Je nie formellement qu'il y ait eu surprise, et je le prouve par la relation ci-dessous des événements qui ont eu lieu.

Parti de Gravelotte, le 15 au matin, je me suis dirigé, conformément aux ordres que j'avais reçus, sur Mars-la-Tour, où je devais passer la nuit du 15 au 16. Dans cette marche, j'étais précédé par un escadron du 1er dragons, qui faisait l'avant-garde, et j'étais flanqué à gauche par un escadron du 9e dragons, en même temps que je me reliais à la droite avec la division du Barail, qui suivait la route de Conflans.

J'acquis de bonne heure, au moyen de renseignements, la certitude que des forces ennemies assez considérables se trouvaient massées sur la gauche de Mars-la-Tour, dans la direction des villages de Puxieux et de Chambley : cependant, afin de juger plus sûrement encore de la force numérique de ces troupes, je détachai en reconnaissance, de ce côté, la brigade de dragons tout entière, sous les ordres du prince Murat.

Cet officier général n'avait pas encore rejoint ma colonne lorsque je traversai Mars-la-Tour à la tête de ma brigade de cuirassiers, suivie par mon artillerie. Je disposai alors l'une et l'autre en bataille en avant et à gauche du village, en attendant que la reconnaissance rentrât.

Peu de temps après, elle me rejoignait et me rendait compte qu'elle avait traversé le village de Puxieux, où elle avait rencontré plusieurs escadrons de cuirassiers et de uhlans, appuyés par de l'artillerie; que le village avait été évacué à son approche, et qu'après l'avoir dépassé, elle avait trouvé les bois, en avant, occupés par de l'artillerie et une infanterie assez nombreuse.

Je pus me convaincre bientôt moi-même de l'exactitude de ces renseignements, car le prince Murat avait été suivi, dans la retraite qu'il avait effectuée pour rallier la division, par les troupes ennemies qu'il avait reconnues, et qui venaient occuper la crête qui s'élève au delà de Puxieux et qui domine Mars-la-Tour.

En même temps, l'artillerie prussienne ouvrait un feu auquel je faisais répondre par mes batteries, pendant que les quatre régiments de ma division, dérobés derrière un pli de terrain, restaient à l'abri des projectiles.

Vers la fin de ce combat d'artillerie, qui a duré une heure environ, sans aucune perte de notre côté, la division de chasseurs d'Afrique du général du Barail, que j'avais fait prévenir immédiatement, et qui d'ailleurs avait elle-même marché au canon, avait montré sa tête de colonne au-dessus de Mars-la-Tour; la division de cavalerie du 2ᵉ corps d'armée avait également fait un mouvement en avant, et était apparue sur la crête, entre les villages de Vionville et de Rézonville, à la croisée des deux routes qui y passent.

M. le général commandant le 2ᵉ corps d'armée

s'était lui-même porté en avant de sa division de cavalerie, et je pus le renseigner sur les mouvements que j'avais aperçus, et qui constataient que les hauteurs, ainsi que les bois de Puxieux, étaient garnis de troupes prussiennes.

C'est alors que jugeant la position de Mars-la-Tour trop dominée et trop difficile à tenir par la cavalerie seule, M. le général Frossard approuva l'opinion que j'avais émise de me replier sur son corps, à Vionville.

A une heure de l'après-midi, après avoir fait boire et reposer un peu mes chevaux, je commençai en effet mon mouvement sur ce village, où je m'établis au bivouac en prenant les dispositions suivantes :

La brigade de dragons en avant des maisons et en arrière de la crête qui suit le grand chemin de Vionville, par régiments déployés sur deux lignes, le 1er dragons en avant, le 9e dragons en arrière, puis l'artillerie en arrière de celui-ci, et en avant des premières maisons, prête à se mettre en batterie sur les crêtes, au premier signal.

La brigade de cuirassiers sur la droite du village et en arrière, ayant son flanc gauche appuyé à une partie de la division de cavalerie du 2e corps.

Les tentes ne furent point dressées.

A peine mes troupes étaient-elles installées que je fis prévenir M. le général de Valabrègue, commandant de cette division, de ce que j'avais vu dans la journée, en lui demandant son concours pour la nuit, dans le cas d'une tentative de l'ennemi sur nos bivouacs.

Le même officier que j'avais envoyé à cet officier général allait ensuite jusqu'à Rézonville, au quartier général de M. le commandant du 2ᵉ corps d'armée, et faisait part au chef d'état-major général de ce corps de tout ce qui s'était passé depuis le matin.

Les dispositions prises pour couvrir le bivouac furent les suivantes :

Dragons. — Une grand'garde au 1ᵉʳ régiment de dragons, composée d'un demi-escadron, fut placée sur la gauche de la route de Tronville; détachant ses petits postes et ses vedettes à une grande distance en avant, ainsi que dans l'angle des deux routes de Tronville et de Mars-la-Tour, afin d'éclairer tout le terrain entre ces deux villages.

Une grand'garde du 9ᵉ régiment de dragons, forte d'un peloton, se reliait par sa droite à la précédente, par sa gauche à une grand'garde du 7ᵉ dragons (division Valabrègue) placée sur la croupe qui descend sur la gauche de Vionville, en avant du cimetière du village.

Ces deux grand'gardes, par leurs vedettes, éclairaient tout le terrain compris entre la route de Mars-la-Tour et les avant-postes de gauche du 2ᵉ corps d'armée.

Cuirassiers. — Une grand'garde fournie par le 10ᵉ cuirassiers. Elle était forte d'un peloton et était établie sur la droite de la route de Mars-la-Tour, en arrière des bois qui couronnent la crête dans cette partie. Elle se reliait par sa gauche à la grand'garde du 1ᵉʳ dragons et par sa droite à une grand'garde du 7ᵉ cuirassiers.

Deux grand'gardes fournies par le 7ᵉ cuirassiers, fortes chacune environ d'un peloton, celle de gauche reliée à la grand'garde du 10ᵉ cuirassiers, celle de droite reliée à celle de gauche.

Ces trois grand'gardes étaient chargées de surveiller spécialement le défilé des bois de la crête; qu'elles faisaient fouiller par des reconnaissances et des patrouilles, en même temps qu'elles étaient en communication, par leur droite, avec une grand'garde du 4ᵉ régiment de chasseurs qui se reliait elle-même aux avant-postes de l'infanterie du 2ᵉ corps d'armée.

Toutes ces positions furent indiquées et vérifiées par MM. les généraux commandant les deux brigades, et elles furent renforcées pendant la nuit au moyen de détachements adjoints aux troupes qui composaient les avant-postes pendant le jour.

1° Un poste de vingt dragons à pied, détaché du 1ᵉʳ régiment, fut poussé en avant du point de jonction des deux routes de Tronville et de Mars-la-Tour, dans l'angle qu'elles forment; il était relié par ses vedettes aux grand'gardes voisines.

2° Tous les postes de cuirassiers furent doublés par des cavaliers du 4ᵉ chasseurs de la division Valabrègue, lesquels avaient mis pied à terre pour faire ce service.

Outre toutes ces précautions, des reconnaissances

et des patrouilles furent exécutées pendant toute la soirée et toute la nuit; elles éclairèrent à de grandes distances en avant. Des rondes furent également faites par les officiers d'état-major de la division.

Pendant la nuit, quelques coups de feu furent tirés des bois qui s'étendent en avant et à droite de Mars-la-Tour, sur les vedettes du 10ᵉ cuirassiers. Un de ces coups de fusil tua le cheval du lieutenant Chiré pendant que cet officier faisait une ronde.

Les vedettes de dragons n'eurent pas à essuyer de coups de feu.

Vers la pointe du jour, le 16, les reconnaissances de dragons signalèrent des cavaliers ennemis qui sortaient des bois derrière et à gauche de Tronville, et qui ne tardèrent pas en effet à venir engager un feu de tirailleurs avec notre cordon de vedettes. Je fis alors appuyer ces dernières par quelques hommes à pied du 1ᵉʳ dragons, que je fis embusquer, et je me portai moi-même, pendant la matinée, plusieurs fois sur les crêtes en avant du bivouac, afin de constater que jusqu'à neuf heures environ il ne se présentait devant nous que des cavaliers isolés, appuyés à de très-grandes distances par des pelotons peu nombreux qui se montraient dans la direction de la route qui va de Tronville à Puxieux.

Vers six heures, M. Arnous-Rivière, capitaine des éclaireurs, arrive à Vionvillle, accompagné de quatre de ses hommes, et me donne quelques renseignements.

A Mars-la-Tour, il croyait qu'il n'y avait que peu de monde, et quant à Tronville, il l'avait parcouru en constatant que le village avait eu ses débouchés barricadés pendant la nuit, mais qu'il était pour le moment inoccupé.

A cette même heure, M. le capitaine Lafouge, mon aide de camp, montait à cheval, par mon ordre, pour se rendre au grand quartier général, à Gravelotte, afin de rendre compte à M. le chef d'état-major général, ainsi qu'à M. le maréchal commandant en chef, de tous les faits qui s'étaient produits la veille et qui sont relatés ci-dessus.

Au moment même où cet officier rentrait à Vionville, après sa mission accomplie, les reconnaissances me faisaient prévenir que des forces plus nombreuses semblaient vouloir déboucher des bois de Tronville, et que la cavalerie se montrait dans la plaine, du côté de Mars-la-Tour.

— M. le capitaine de Saint-Arroman, envoyé par mon chef d'état-major, avait, vers la même heure, dépassé nos avant-postes, établis du côté de Tronville, et rendait compte également de l'arrivée de colonnes prussiennes sur notre gauche, et au delà de Tronville.

De nouveau je me portai alors de ma personne au point culminant, après avoir donné à l'artillerie l'ordre de se mettre en batterie sur les crêtes.

Je faisais aussi prévenir, par M. le capitaine Leplus, aide de camp du prince Murat, le général commandant la division de cavalerie du 2ᵉ corps, qu'une attaque était imminente.

Pendant que l'artillerie et les dragons prenaient leurs dispositions de combat, les Prussiens ouvrirent sur le bivouac de ces troupes, ainsi que sur le village de Vionville, un feu violent d'artillerie, dont les pièces venaient seulement de déboucher des bois à gauche de Tronville et de ceux en arrière de Puxieux.

Cette artillerie se composait de deux batteries ; l'une de dix-huit pièces, établie en arrière de Tronville, l'autre de douze pièces environ, établie plus à notre gauche, dans la direction qui va de Tronville aux bois qui s'étendent vers le sud-est.

A ce moment, les bagages de la division, concentrés le 14 au Ban-Saint-Martin, et retenus en arrière, venaient seulement d'arriver à Vionville, encombrant en partie la grande rue du village, et la route de Rézonville.

Quelques obus, tombés dans ces bagages, brisèrent des voitures, et occasionnèrent parmi les conducteurs, la plupart civils, une sorte de panique qui leur fit reprendre le chemin en arrière, suivis dans leur fuite par un certain nombre de dragons des deux régiments et par quelques chevaux de l'artillerie.

Cette confusion se produisait pendant que j'étais à cheval, accompagné de mon état-major, du général commandant la brigade de dragons, ainsi que des deux colonels de dragons, prenant les dispositions nécessaires pour appuyer notre artillerie dans le cas où elle aurait été attaquée directement.

Toutefois je dois ajouter ici, que la plupart des cavaliers qui avaient suivi la panique des conducteurs et dont quelques-uns étaient allés jusqu'à Gravelotte, avaient rallié leur corps avant le milieu de la journée, et pouvaient prendre part à la charge que la division eut à fournir plus tard vers les bois, à droite de Rézonville, contre la cavalerie prussienne.

Pendant ce temps, ma deuxième brigade (cuirassiers), placée hors de portée des projectiles ennemis, montait à cheval, sans avoir le temps d'exécuter l'ordre qu'elle avait reçu de conduire ses chevaux à l'abreuvoir, après l'avis qui m'avait été donné officiellement, que je ne devais mettre en route qu'à une heure de l'après-midi.

Cette brigade se tenait prête à appuyer, si cela devenait nécessaire, le mouvement de retraite que je dus ordonner à la 1re brigade, lorsque le feu trop supérieur de l'artillerie ennemie eut démonté la plus grande partie de mes pièces, dont pas une ne fut laissée sur le terrain.

La retraite s'effectua au pas et en colonne par pelotons; après être resté trois quarts d'heure au moins sous le feu de trente pièces environ, je me retirai, et permis ainsi à l'infanterie du corps d'armée en arrière de prendre les armes et de se former.

La brigade de dragons vint se placer en arrière de la brigade de cuirassiers, pendant que l'artillerie, rattelée, prenait la route et allait se mettre en position sur les hauteurs immédiatement en arrière, d'où elle put continuer, pendant quelque temps, à combattre les batteries ennemies.

Le mouvement en arrière de ma brigade de dragons ne fut suivi par aucun cavalier prussien, et l'infanterie ennemie ne prit possession de Vionville que lorsque le village était déjà depuis un certain temps complétement évacué par nos troupes.

Je me repliai plus tard sur l'infanterie du 2ᵉ corps.

Telle est, mon général, la relation des événements qui eurent lieu le 15 août et le 16 au matin; il me semble difficile d'y trouver la trace d'une surprise, que ma division serait censée avoir subie.

Je me permettrai d'appeler votre attention sur ce fait, que je vous ai fait connaître plus haut, que dès le 15 à une heure de l'après-midi, M. le général Frossard était prévenu par moi-même de tout ce qui se passait devant nous; que le soir de ce même jour, j'en faisais également prévenir, par mon aide de camp, M. le général Valabrègue, ainsi que le chef d'état-major général du 2ᵉ corps d'armée, à Rézonville, et enfin que le 16, dès six heures du matin, j'envoyai ce même officier à Gravelotte, faire mon rapport à M. le général chef d'état-major général ainsi qu'à M. le maréchal commandant en chef, sur tout ce qui s'était passé la veille et pendant la nuit.

Quant aux prescriptions prescrites par le titre VIII du service en campagne, elles ont été minutieusement exécutées, comme vous avez pu vous en convaincre par la lecture des détails qui précèdent et qui sont des plus circonstanciés.

Je joins même à ce rapport un plan explicatif des emplacements occupés par nos troupes ainsi que par nos avant-postes.

J'affirme enfin l'exactitude absolue des détails consignés dans ce mémoire.

Le général commandant la 3ᵉ division de réserve de cavalerie,

Signé : Mⁱˢ DE FORTON.

N° 60.
Rapport du général de Forton sur la bataille du 16 août.

En réponse à votre lettre n° 645, en date du 23 octobre, j'ai l'honneur d'adresser à Votre Excellence un rapport spécial sur la part prise par ma division à la bataille de Rézonville, vous laissant le soin d'apprécier si ma division tout entière ne mérite pas d'être citée à l'ordre de l'armée.

Vers une heure de l'après-midi, alors que la bataille était le plus violemment engagée, je venais d'exécuter l'ordre que m'avait donné Votre Excellence de changer le front de ma ligne de bataille afin d'adosser mes deux brigades au bois de Villers, situé au nord du village de

Rézonville, parallèlement à la route de Verdun, et lui faisant face. La division était alors disposée de la manière suivante : à droite la 1re brigade (1er et 9e dragons, prince Murat), déployée sur une seule ligne, à gauche la 2e brigade (7e et 10e cuirassiers, général de Grammont), sur deux lignes ; le 7e cuirassiers en avant.

Ces dispositions étaient prises lorsque les deux batteries du 20e d'artillerie, attachées à ma division, me furent demandées par le commandant d'artillerie Vignotte, du 6e corps, afin de renforcer le feu de ses pièces.

Je leur donnai l'ordre de se mettre à la disposition de cet officier supérieur, qui les plaça en avant de notre droite, sur le prolongement des pièces du 6e corps et sur la crête qui, allant de la route de Verdun au bois de Villers, domine le village de Vionville.

Au moment où elles commençaient leur feu, une colonne de cavalerie prussienne gravissait les pentes et débouchait sur les crêtes, enveloppant mes deux batteries, qui eurent leurs artilleurs sabrés et plusieurs officiers tués.

Cette colonne se composait du 7e cuirassiers (Magdebourg), du 16e uhlans, ainsi que de dragons et de hussards, 1200 à 1500 chevaux environ.

Après avoir dépassé la crête, elle continua son mouvement et arriva à hauteur de la droite de ma division, présentant le flanc gauche, à environ 400 ou 500 mètres de ma ligne de bataille. Je lançai immédiatement la brigade Murat, dont le choc sépara la colonne en deux tronçons. La tête, poursuivie par les dragons, vint se heurter contre la cavalerie du 2° corps, et fut à peu près anéantie. La queue, composée surtout de cuirassiers, essaya de regagner au galop sa ligne de retraite, défilant alors devant ma brigade de cuirassiers, que j'avais tenue en réserve. Je la fis charger par le 7° cuirassiers appuyé par un escadron du 10°, et conservai trois escadrons en réserve. Le choc fut décisif, la colonne ennemie, en désordre, fut abordée une seconde fois par nos cavaliers et presque détruite. Le peu d'hommes qui réussirent à nous échapper furent tués plus loin par nos fantassins.

Dans cette affaire, le nombre de tués et de blessés, dans ma division, a été relativement faible, ce qu'il faut attribuer à ce que les cavaliers prussiens se servent exclusivement du tranchant de leur lame, tandis que les nôtres ne se servent que de la pointe. Le nombre des blessures par suite de coups de lance a été excessivement minime.

Il faut ajouter aussi que les chevaux de la cavalerie ennemie, en arrivant devant ma division, étaient déjà exténués, tandis que les nôtres étaient parfaitement reposés.

Tel est, Monsieur le maréchal, le rôle que ma division a joué pendant la journée du 16 août, et je suis d'autant plus heureux d'avoir cette occasion de le rappeler à Votre Excellence, que le mouvement tenté par la cavalerie prussienne pouvait exercer la plus grande influence sur les résultats de la journée. Cette cavalerie, en effet, parcourait un terrain qui venait d'être évacué par l'infanterie, portée de la droite sur la gauche, et si la colonne ennemie n'avait pas été arrêtée dans sa marche par ma division, elle pouvait, dans son mouvement de retraite, ou bien prendre à revers toutes les lignes de notre infanterie, qui bordaient la route de Rézonville, et y produire le plus grand désordre, ou bien reprendre le chemin même qu'elle avait déjà suivi une première fois lorsqu'elle se portait en avant, et sabrer alors toutes les pièces que nous avions sur la crête de Vionville.

Dans l'un comme dans l'autre cas, les conséquences auraient pu être des plus sérieuses.

Permettez-moi, Monsieur le maréchal, de signaler à Votre Excellence un fait dont il n'a encore été fait mention dans aucun rapport.

Pendant que mes cavaliers étaient mêlés aux cavaliers prussiens, ces derniers perdirent un étendard, qui pendant quelque temps resta avec les morts sur le champ de bataille et qui ne fut pas aperçu tout d'abord. Il ne fut relevé que plus tard et par hasard par un chasseur dont le régiment n'avait pris aucune part à l'action.

Le général commandant la 3ᵉ division de réserve de cavalerie,

Signé : Mⁱˢ DE FORTON.

N° 61.

Le maréchal Bazaine au ministre de la guerre,
à Paris.

Metz, 17 août, 3 h. 30 soir.

Nous avons été attaqués, le 14, dans nos lignes devant Borny, au moment où une partie de l'armée était déjà sur la rive gauche de la Moselle.

Hier, 16 août, une bataille a été soutenue, de neuf heures du matin à huit heures du soir, sur les positions que nous occupions entre Doncourt et Vionville, contre les corps réunis du prince Frédéric-Charles et du général Steinmetz.

L'ennemi a été repoussé dans les deux rencontres, en subissant des pertes considérables ; les nôtres sont sensibles.

L'Empereur a dû vous répondre d'Étain au sujet de la destination à donner au 7° corps. (Dépêche télégraphique.)

N° 62.

Le maréchal Bazaine au maréchal Canrobert,
à Vernéville.

Au grand quartier général, à Plappeville,
17 août 1870.

D'après les observations qui m'ont été transmises par le colonel Lamy, au sujet de votre position à Vernéville, je vous autorise à quitter cette position et à aller vous établir sur le prolongement de la crête occupée par les autres corps.

Vous pourriez occuper Saint-Privat-la-Montagne et vous relier par votre gauche au 4ᵉ corps établi à Amanvillers.

Je vous prie de me faire connaître la détermination à laquelle vous vous serez arrêté, et de me dire en même temps le point choisi pour votre quartier général, afin qu'il n'y ait pas de retard dans notre correspondance.

P. S. Cette position de Vernéville avait été indiquée pour protéger la retraite du général de Ladmirault, qui est encore à Doncourt.

(Cette dépêche est arrivée au maréchal Canrobert, à Vernéville, à quatre heures du soir, et le 6ᵉ corps s'est mis en mouvement sur Saint-Privat, où il n'a pu arriver qu'à la nuit, ayant été arrêté dans sa marche par le défilé du 4ᵉ corps qui se portait de Doncourt sur Amanvillers. (*Note de l'auteur.*)

N° 63.

Le maréchal Bazaine au maréchal de Mac-Mahon,
à Bar-sur-Aube.

Metz, 18 août, 10 h. 50 matin.

Je reçois votre dépêche, du 16 août, ce matin seulement. Je présume que le ministre vous aura donné des ordres, vos opérations étant tout à fait en dehors de ma zone d'action pour le moment, et je craindrais de vous indiquer une fausse direction. (Dépêche télégraphique.)

N° 64.

Le maréchal Bazaine au général de Failly,
à Neuilly-l'Évêque.

Metz, 18 août, 10 h. 50 matin.

Je reçois aujourd'hui votre dépêche du 15 et ne puis répondre à votre demande de séjour. C'est à vous de régler votre marche suivant les événements. (Dépêche télégraphique.)

N° 65.

Le ministre de la guerre au maréchal Bazaine,
à Metz.

Paris, 18 août, 10 h. 45 matin (expédiée à 11 h. 50 matin.

Les renseignements que je vous ai adressés hier sur une concentration de l'ennemi à Saint-Mihiel et surtout à Apremont sont confirmés.

Le préfet de la Meuse est informé de l'arrivée à Void de 120 Prussiens qui se disent suivis du prince Albert et se dirigent sur Châlons.

Le général de Failly me télégraphie qu'un corps prussien considérable a fait séjour le 16 à Bayon et fait préparer à Charmes-sur-Moselle 25,000 rations pour une autre colonne. (Dépêche télégraphique.)

N° 66.

Le maréchal Bazaine au ministre de la guerre, à Paris.

Metz, 20 août.

Nous sommes sous Metz, nous ravitaillant en vivres et en munitions. L'ennemi grossit toujours et paraît commencer à nous investir. J'écris à l'Empereur, qui vous donnera communication de ma lettre. J'ai reçu une dépêche du maréchal de Mac-Mahon, auquel j'ai répondu ce que je compte pouvoir faire dans quelques jours.

N° 67.

Bulletin de renseignements.

Château de Grimont, 30 août.

Le 4° corps d'armée occupe, à dix heures et demie du matin, toutes les positions prescrites par l'ordre de mouvement du 30 août.

L'ennemi occupe devant lui une ligne s'appuyant à la Moselle en avant de Malroy, et s'étendant visiblement par Charly, Failly, Poix et Servigny-lez-Sainte-Barbe. Villers-l'Orme a été évacué à notre approche. Nos avant-postes et nos éclaireurs ont pu reconnaître sur différents points de cette ligne des abatis et des tranchées pour l'infanterie, notamment en avant et à gauche de Poix, des épaulements pour l'artillerie, les pièces n'étant pas démasquées.

Il est impossible d'évaluer la force de l'infanterie qui garnit ces positions ; elle paraît considérable, et une portion notable doit être dissimulée à la vue, soit dans les villages, soit derrière les crêtes.

Pour le général commandant le 4ᵉ corps,
Le général chef d'état-major,

Signé : OSMONT.

Nº 68.

L'intendant en chef de l'armée au maréchal Bazaine.

Ban-Saint-Martin, 15 octobre.

Les situations des subsistances fournies par M. l'intendant de la 5ᵉ division démontrent que les quantités de blé livrées par les perquisitions sont, jusqu'à ce jour, insignifiantes.

En conséquence, j'ai invité ce fontionnaire à faire activer autant que possible la rentrée, dans les magasins de l'administration, des 3,000 quintaux que M. le général commandant supérieur de Metz s'est engagé à faire livrer.

J'ai l'honneur de vous envoyer copie de la lettre de M. le général Coffinières, exposant qu'on ne peut compter sur ces quantités et que la situation ne peut se prolonger. Dans l'état actuel des choses, le pain est assuré jusqu'au 18, sans qu'il soit nécessaire de toucher, jusqu'à cette date, aux vivres que doivent avoir les hommes.

Si de nouvelles ressources, permettant d'assurer les distributions du pain au delà du 18, étaient mises à m disposition, j'aurais soin de vous en informer.

L'intendant en chef de l'armée,

Signé : LEBRUN.

Copie de la lettre du général Coffinières à M. l'intendant en chef Lebrun.

Metz, 15 octobre.

M. l'intendant de la 5ᵉ division me rend compte d'un ordre qu'il a reçu de vous, à la date du 13 octobre, au sujet d'un versement, dans les magasins du service, de 3,000 quintaux de blé sur les quantités qui ont été recensées dans la ville et de l'emploi des farines existant dans les forts.

Nous faisons notre possible pour assurer la subsistance de l'armée; mais des difficultés sans nombre surgissent à chaque instant, par la raison toute simple que la population civile oppose une résistance toute naturelle à se dessaisir de ses moyens d'existence.

Lorsque j'ai supputé à 3,000 quintaux la quantité de grains que nous comptions pouvoir verser dans les magasins, la ville avait déjà environ 3,500 quintaux, et, au dire des gens compétents, les perquisitions qui s'opèrent en ce moment devaient donner 1500 quintaux. Jusqu'ici, au contraire, ces perquisitions et le blé que nous espérions trouver dans les communes suburbaines donnent des résultats inférieurs à ces appréciations.

Nous sommes donc obligés d'user de tous les moyens pour faire face, au jour le jour, aux besoins de l'armée. Les moyens et les ressources deviennent malheureusement chaque jour plus précaires, et il est urgent qu'un grand parti soit pris sans retard, pour mettre fin à une aussi difficile situation.

Le général commandant supérieur,

Signé : COFFINIÈRES.

N° 69.

Note sur le projet des forts de la rive gauche de la Moselle à Metz, par un officier supérieur du génie.

Décembre 1867.

Les forts extérieurs de la place de Metz ont été assis sur le terrain de manière à constituer les éléments d'un vaste camp retranché, où une armée de défense pût trouver tour à tour soutien ou refuge. Grâce aux ressources que présente la configuration du terrain, trois ouvrages suffisent pour assurer à la défense la possession de la ligne d'horizon, et rejeter les opérations de l'ennemi contre les forts extérieurs sur un terrain d'où il ne verrait pas la place. La défense trouvera d'ailleurs en arrière de ces ouvrages, et sous leur protection, de vastes emplacements dont elle pourrait tirer un grand parti, soit pour ses campements, soit pour masser les grandes sorties destinées à détruire les cheminements de l'ennemi.

Les dispositions prescrites pour l'occupation des hauteurs de Saint-Julien et de Queuleu ne laissent rien à désirer à cet égard. Il n'en est pas de même malheureusement du mode d'occupation qui vient d'être adopté pour les hauteurs de la rive gauche.

Le massif formé par ces hauteurs se rattache au grand plateau qui s'étend entre la Moselle et la Meuse ; il est circonscrit par les vallons de Montvaux et de Saulny, qui tous deux descendent vers la plaine de Metz et sont parcourus par de bonnes routes venant chacune de Briey.

Si jamais l'ennemi attaque Metz, un corps considérable de l'armée de siége opérera sur la rive gauche de la Moselle et entrera en France par Briey, après avoir pris ou masqué les places de Longwy et de Thionville. Dans le cas où l'organisation des défenses de cette rive ne serait pas assez solide pour déjouer de grands efforts, nul doute qu'il ne cherchât à s'en emparer pour de là brûler la ville et, en détruisant une grande partie des établissements militaires, hâter la reddition de la place. Ces résultats pourraient même être obtenus d'emblée, du moins en partie, par l'ennemi, si on laissait l'attaque prendre pied sur les hauteurs de la rive gauche. Le mode d'organisation adopté pour la défense du mont Saint-Quentin et du plateau des Carrières laisse malheureusement une porte ouverte à ces dangereuses éventualités.

Le mont Saint-Quentin est formé, comme l'on sait, par un plateau allongé de 250 mètres de largeur moyenne et de 1200 mètres de longueur environ; perpendiculairement à l'axe du Saint-Quentin s'étend, dans la forme de la branche verticale d'un T, le plateau des Carrières; un pli de terrain, connu sous le nom du col de Lessy, sépare ces deux hauteurs. La pointe est du Saint-Quentin regarde vers la place, la pointe ouest est tournée vers la région des attaques, et de cette extrémité on découvre le vallon de Montvaux, la route de Briey et les pentes que suivra le chemin de fer projeté de Metz à Verdun.

D'après le projet présenté pour la défense des hauteurs de la rive gauche, on avait combiné l'occupation de la pointe ouest et de l'extrémité du plateau des Carrières de manière que les ouvrages placés sur ces points se prêtent un mutuel appui. De plus une ligne creusée dans le roc, suivant le faîte des Carrières et passant par le col de Lessy, interceptait la trouée entre ces deux ouvrages et interdisait à l'ennemi toute vue sur la place. Ces lignes, d'une grande solidité passive, n'auraient pas exigé une défense directe, appuyées qu'elles étaient sur les ouvrages qu'elles réunissaient.

Au lieu de ce système bien approprié aux ressources que présente le terrain pour la défense, on s'est décidé à occuper la pointe est. Cette organisation serait pourtant bien loin de présenter le degré de résistance qu'il est indispensable d'atteindre. Qui pourrait en effet empêcher l'ennemi, arrivé à couvert au pied du Saint-Quentin par le vallon de Montvaux, de remonter le vallon de Lessy et de venir se loger sur la pointe ouest, laissée sans défense, en profitant des pentes qui échappent aux vues des Carrières, de la pointe est et de la place? Une fois établi sur ce point, il cheminerait sans obstacles sur le plateau, et bientôt, dépassant la gorge du fort des Carrières, il pourrait battre l'intérieur de cet ouvrage et ses communications, tandis que logé en même temps au col de Lessy ou sur les pentes sud du Saint-Quentin, il plongerait dans la plaine de la Moselle et pourrait canonner tout à son aise le fort Moselle et la place. Il n'y aurait d'autre moyen de l'arrêter qu'en exécutant une série de sorties. Mais avant de le joindre il faudrait parcourir un espace découvert, soumis à son feu, et rien ne prouve qu'une opération ainsi engagée parvînt à réussir. N'y a-t-il pas vraiment un contre-sens regrettable à négliger ainsi les résistances passives que présente le terrain et à en être réduit à se défendre au moyen de sorties d'un succès plus que douteux? Ajoutons que, dans ce système, il ne peut plus être question de lignes, et que l'on perdrait ainsi, sans aucune compensation, l'appui que l'on trouverait dans ces obstacles, inertes il est vrai, mais très-difficilement franchissables. En un mot, et ceci peint d'un seul trait la position, ayant un grand redan à défendre, on se contenterait d'en occuper la gorge en abandonnant le saillant aux entreprises de l'ennemi.

Il serait vraiment bien malheureux que l'on donnât suite à un semblable projet. Il faut espérer qu'il n'en sera rien et qu'en appelant sur ce point l'attention du ministre, Son Excellence reviendra sur la solution indiquée par le comité, contrairement aux dispositions du projet qui avait obtenu tout d'abord l'approbation du ministre.

Il existe un autre point sur lequel il serait également bien important de provoquer une solution à bref délai, savoir l'organisation des casemates à canon et des batteries blindées, particulièrement en ce qui concerne la constitution du masque destiné à défendre la tête des voûtes ou des blindages. On a construit cette année à Metz un certain nombre de batteries casematées ou blindées. Elles seraient impuissantes si elles n'étaient pas promptement munies d'un masque. Si des hostilités venaient à éclater au printemps, on se trouverait dans un grand embarras, et cependant ce n'est pas le temps qui a manqué pour combler cette lacune. Il serait vraiment indispensable de voir sortir une décision sur ce point, afin de ne pas prolonger une situation vraiment fâcheuse.

NOTE F.

Quelques auteurs ont prétendu que j'avais reçu *le 23 août*, à Metz, la dépêche suivante :

L'Empereur à maréchal Bazaine.

« Reçu votre dépêche du 19 dernier, à Reims. Me porte dans la direction de Montmédy; serai après-demain sur l'Aisne, d'où j'agirai selon les circonstances pour vous venir en aide. »

Un raisonnement bien simple prouve combien leur dire est erroné.

Le 19 août, les dépêches télégraphiques ne passaient plus. J'envoyai donc ma dépêche du 19 à l'Empereur par un piéton. Or, de Metz à Verdun, il y a deux journées de marche en temps ordinaire. Le messager, obligé à de grandes précautions pour traverser les lignes de l'ennemi, n'a certainement pu atteindre Verdun que le 21 dans la journée ou même le soir. Le télégraphe a transmis de là jusqu'au camp de Châlons, qui, lui, a dû transmettre à Reims, car il est probable qu'à Verdun on ne savait où se trouvait au juste l'Empereur. La réponse dont le texte est ci-dessus est donc partie de Reims au plus tôt le 22 août.

En accordant au retour une rapidité de transmission aussi grande que pour l'aller, je n'aurais pu recevoir cette dépêche que le 25 au plus tôt. Mais il faut tenir compte des difficultés que le messager rencontra entre Verdun et Metz. En partant de Metz le 19, cet homme traversait l'ennemi au milieu du désordre dans lequel ce dernier se trouvait encore au lendemain d'une bataille, établissant ses lignes d'investissement; il rencontrait naturellement moins d'obstacles. Quand il dut, au contraire, revenir, les Allemands étaient déjà installés; la régularité scrupuleuse de leur surveillance n'était dérangée par aucune cause étrangère; le messager était donc obligé aux plus strictes précautions. Il me souvient, en effet, qu'il me raconta, le 30 août, qu'il avait dû se déguiser en marchand d'eau-de-vie et de cigares, et qu'il avait su gagner la confiance d'un officier supérieur allemand, qui lui avait accordé une permission d'exercer ce commerce dans les camps.

Autant de causes de retard qui expliquent bien clairement comment une dépêche partie *le 22 ou le 23 août* seulement de Reims, n'est arrivée que *le 30* à Metz, et il est certain que la dépêche en question n'est pas antérieure au 22 août au plus tôt.

FIN DES PIÈCES JUSTIFICATIVES.

TABLE

	Pages.
CONSIDÉRATIONS GÉNÉRALES	1
AOUT 1870	17
SEPTEMBRE 1870	111
OCTOBRE 1870	135
PIÈCES JUSTIFICATIVES	211

TABLE DES CARTES

Emplacement des 2e, 3e, 4e, partie du 5e corps et Garde, le 4 août.	20
Carte d'ensemble : Positions des 2e, 3e, 4e corps de l'armée du Rhin, de la Garde, et de la 3e division de réserve de cavalerie, le 6 août. — Mouvements exécutés par les quatre divisions du 3e corps et par la division de réserve de cavalerie.	23
Emplacement des 2e, 3e et 4e corps et Garde, le 8 août, en arrière de la Nied allemande; — les 9 et 10 août, en arrière de la Nied française.	39
Carte d'ensemble des environs de Metz, pour l'intelligence des journées des 14, 16, 18, 31 août et 1er septembre. — Emplacement des troupes de l'armée du Rhin sous Metz le 13 août. — 2e, 3e, 4e, 6e corps d'armée. Garde. 1re, 3e division de réserve de cavalerie. Réserve générale d'artillerie.	44

Combat de Borny, 14 août. 54
Marche des armées allemandes jusqu'au 18 août 55
Emplacement de l'armée française le 16 août au matin avant la bataille. 57
Bataille de Rézonville, 16 août. 59
Défense des lignes d'Amanvillers, 18 août. 69
Bataille de Sainte-Barbe, 31 août et 1er septembre 101
Carte de l'investissement de Metz. 107

www.ingramcontent.com/pod-product-compliance
Lightning Source LLC
Chambersburg PA
CBHW071259160426
43196CB00009B/1349